Schon der sechsjährige Theodor Fontane zeigte ein außergewöhnliches Interesse für England – aber es sollten noch knapp zwanzig Jahre verstreichen, bis sein Wunschtraum in Erfüllung gehen konnte: »Endlich in England!« Dem kurzen Aufenthalt folgten vier weitere Englandreisen. Zusammengenommen war Fontane fast vier Jahre auf der britischen Insel.

Seit Fontanes Tagen in England, London und Schottland sind fast eineinhalb Jahrhunderte vergangen. Vieles, das er in seinen Tagen sah und beschrieb, gibt es heute nicht mehr. London ist eine andere Stadt geworden, seit er *Ein Sommer in London* veröffentlicht hat. Doch selbst hier gibt es noch die eine oder andere Stelle, die man heute noch mit ihm besuchen kann. Und Schottland bietet bei aller Modernität vieles, das sich seit *Jenseit des Tweed* nicht oder nur wenig verändert hat. In den Low- und Highlands kann man mit Fontane wandern und Land und Leute erleben.

Der vorliegende Band, der in enger Zusammenarbeit mit der Fotografin Christel Wollmann-Fiedler entstanden ist, führt mit Auszügen aus Fontanes Englandbüchern, aus Briefen, Tagebüchern und Berichten, Gedichten, Romanen und Vorträgen durch England und Schottland. Die farbigen Fotografien illustrieren eindrucksvoll, wie sich die Fontanestätten dem heutigen Besucher darbieten.

insel taschenbuch 2222
Mit Fontane durch
England und Schottland

Mit Fontane durch England und Schottland

Herausgegeben von Otto Drude
Mit farbigen Fotografien
von Christel Wollmann-Fiedler
Insel Verlag

Frontispiz: Kreidefelsen Dover

insel taschenbuch 2222
Erste Auflage 1998
Originalausgabe
© Insel Verlag Frankfurt am Main und Leipzig 1998
Alle Rechte vorbehalten
Textnachweise am Schluß des Bandes
Vertrieb durch den Suhrkamp Taschenbuch Verlag
Umschlag nach Entwürfen von Willy Fleckhaus
Satz: Hümmer GmbH, Waldbüttelbrunn
Druck: MZ-Verlagsdruckerei GmbH, Memmingen
Printed in Germany

1 2 3 4 5 6 – 03 02 01 00 99 98

Inhalt

Seit Fontanes Zeiten in England und seinen Schilderungen englischer und schottischer Landschaften und Städte sind fast anderthalb Jahrhunderte vergangen, und vieles, was er gesehen hat, gibt es heute leider nicht mehr, zumindest nicht in der Form, die er erlebt hatte.

Und doch können seine Schilderungen aus den Londoner Jahren, von den Ausflügen in die Umgebung und von der Reise nach Schottland noch heute einem Besucher hilfreich sein. Das gilt besonders für Schottland, denn hier ist vieles wirklich noch wie vor Hunderten von Jahren trotz aller Modernität, die doch nur auf bestimmte Gebiete beschränkt ist.

Neben Fontanes farbigen Schilderungen der Londoner Welt, wie sie in seinem *Sommer in London* und in anderen Berichten wie *Von der Weltstadt Straßen* vorliegen, oder, wie er sie in seinen Briefen und Berichten aus Schottland *Jenseit des Tweed* beschrieben hat, werden hier seine Briefe und Tagebücher, Vorträge, Aufsätze, Gedichte und nicht zuletzt seine Romane zitiert, denn die Welt Englands und Schottlands ist für ihn, bis in seine letzten Jahre, immer gegenwärtig geblieben. Für die heutigen Reisenden auf Fontanes Spuren gibt es dazu kleine Hinweise auf die gegenwärtige Situation. Alle Zitate werden im Anhang nachgewiesen, so daß der Interessierte sie nachschlagen und, so er will, weiterlesen kann. Die Zitate aus *Ein Sommer in London* und *Jenseit des Tweed* sind den ›insel taschenbuch-Ausgaben‹ entnommen und damit jederzeit leicht erreichbar.

So kann der Leser mit Fontane durch London und Umgebung streifen und durch Schottland reisen und mit ihm durch das Land der ›Maria Stuart‹ und des ›Macbeth‹ wandern und fahren.

Die Bilder sind Fotos unserer Tage, die dem Leser zeigen sollen, wie der Besucher heute die ›Fontanestätten‹ sehen wird.

Danach kann jeder seine eigene Reiseroute auswählen und bestimmen, nach eigenem Wunsch und Geschmack, denn schon Fontane klagte zu seiner Zeit: »Es ist eine Unsitte, [...] dem Reisenden gleichsam eine bestimmte Reiseroute, eine bestimmte Reihenfolge von Sehenswürdigkeiten aufzudrängen. Irgendeine Eisenbahn- oder Dampfschiffahrt-Kompagnie findet es für gut, *diesen See, diesen Berg, diese Insel* als das Schönste und Sehenswerteste festzusetzen; regelmäßige Fahrten werden eingerichtet, bequeme Hotels wachsen wie Pilze aus der Erde [...] alles tritt in den Dienst der Gesellschaft, und der Reisende, der ein Mensch ist und in möglichst kurzer Zeit mit möglichst wenig Geld das Möglichste sehen möchte, überläßt sich wie ein Gepäckstück diesen Entrepreneurs und bringt sich dadurch um den vielleicht höchsten Reiz des Reisens, um den Reiz, *das Besondere, das Verborgene, das Unalltägliche* gesehen zu haben. Eine kleine Schönheit, die wir für uns selbst haben, ist uns lieber wie die große und allgemeine.«

London

Ankunft

Als der fünfundzwanzigjährige Fontane, damals Grenadier bei den ›Franzern‹, 1844 zum erstenmal London sah – auf einer Art Pauschalreise, die ein Freund ihm geschenkt hatte –, war er mit dem Schiff von Hamburg abgefahren. Der Dampfer zog in einem leicht nordwärts geschwungenen Bogen auf die britische Insel zu. Am späten Nachmittag hatten sie Hamburg verlassen, in der Nacht Cuxhaven passiert, am frühen Morgen tauchte die Küste von Norfolk auf. »Das ist die englische Küste! Durch den Morgennebel schimmern die Türme von Yarmouth. Ein gut Stück Weges noch in der Richtung nach Süden, und die Themsemündung liegt vor uns. Da ist sie: Sheerness mit seinen Baken und Tonnen taucht auf. Nun aber ist es, als wüchsen dem Dämpfer die Flügel, immer rascher schlägt er mit seinen Schaufeln die hochaufspritzende Flut, und die prächtige Bucht durchfliegend, von der man nicht weiß, ob sie ein breiter Strom oder ein schmales Meer ist, trägt uns jetzt, an Gravesend vorbei, in den eigentlichen Themsestrom hinein. Alles Große wirkt in die Ferne: wir fühlen ein Gewitter, lange bevor es über uns ist; große Männer haben ihre Vorläufer, so auch große Städte. Gravesend ist ein solcher Herold, es ruft uns zu: ›London kommt!‹ und unruhig, erwartungsvoll schweifen unsere Blicke die Themse hinauf. [...] Und doch lebt London schon rings um uns her. Gravesend liegt nicht im Bann von London, aber doch in seinem *Zauberbann.*«

So eindrucksvoll erreicht man London heute nicht mehr, doch kann man die Fahrt flußaufwärts mit einem der Themseschiffe nachholen. Auch der heutige Reisende wird Fontane verstehen, der damals sagte: »London hat einen unvertilgba-

ren Eindruck auf mich gemacht; sowohl seine Schönheit als seine Großartigkeit hat mich staunen lassen. Es ist das Modell oder die Quintessenz einer ganzen Welt. Der mehrerwähnte Umstand, daß London mehr Nachtwächter (zwölftausend) hat als das Königreich Sachsen Soldaten, ist am ehsten geeignet, eine Vorstellung von den Dimensionen dieser Riesenstadt zu geben.«

Ein Jahrzehnt später – er war damals gerade von Paris gekommen – schrieb er seinem Vater: »Wer mit einem Dampfer von Hamburg kommt und die Themse erst bis zur London-Brücke dann bis zur Westminster-Abtei und den neuen Parlamentshäusern hinauffährt, der hat mehr gesehn als ganz Paris ihm bieten kann. Paris ist ein vergrößertes Berlin; London ist eben London und ist mit gar nichts andrem zu vergleichen.«

1855 wagte er zum zweitenmal die Schiffsfahrt von Hamburg aus, doch diesmal war London bei der Einfahrt in die Themse im Nebel versunken. Für die anderen Überfahrten wählte Fontane, nicht zuletzt wegen der Seekrankheit, die kurze Fährfahrt über den Kanal nach Dover, obwohl er auch dabei nicht verhindern konnte, ›seasick‹ zu werden. »Dover – zauberhaft. Eine weite Meeresbucht, hart an ihr die sich weit ausdehnende Stadt, flimmernd mit tausend Lichtern in die Nacht hinein und dahinter halberleuchtetes Kalkgebirge, das amphitheatralisch die Stadt umgibt.« Eindrucksvoll beschreibt er seiner Mutter die Überfahrt: »Die Sonne neigte sich, sie und wir steuerten nach Westen, aber so schnell auch unser Schiff war, sie war doch schneller und gegen 8 Uhr sank sie in's Meer. Zauberhafter Anblick! [...] Ich werde diese Nachtlandschaft vorläufig nicht vergessen: auf hohem Quai, an den das Meer anbrandet, liegt in weitem Halbkreis die Stadt, die jetzt (es war Mitternacht) von tausend Lichtern flimmerte und die Felsen halb erhellte, die hinter ihr hoch in die dunkle Nacht hineinwuchsen.«

Von Dover gab es damals bereits eine direkte Verbindung nach London: »Um 7 1/4 Abfahrt nach London. Sieben shilling, nicht teuer. Der erste Teil der Fahrt: am Meereskai entlang, dann und wann einen Felsentunnel hindurch, ist von unvergleichlicher Schönheit. So bis *Folkestone;* von da ab wendet sich die Bahn ins Land hinein und durchschneidet die grünen Hügel und Täler der schönen Grafschaft Kent.« Die Züge endeten damals auf einem Bahnhof am Themseufer, der allgemein, wenn auch nicht offiziell Dover Station genannt wurde. Victoria Station wurde erst später erbaut.

In all den Jahren blieb es stets *das* Erlebnis: »Ankunft in London elf Uhr. Rätselhafterweise ein wahres Heimatsgefühl gehabt; mir wurde die Brust weit, und das Herz schlug mir höher, als mein cab über die schöne Waterloo-Brücke hinweg in das vollste Leben der Stadt zwischen City und West End hinabrollte. Ich vergaß für einen Augenblick alles andre.« Nur 1855 wollte die Freude nicht aufkommen. »Es ist fast, als hätt ich vor 3 Jahren das Capital meiner Bewunderung bis auf den letzten Pfennig ausgezahlt«, gestand er dem Leiter der Centralstelle in Berlin, Ludwig Metzel, aber das änderte sich dann doch.

Fontanes Wohnungen

Bei seinen drei Aufenthalten in London lebte Fontane in fast einem Dutzend verschiedener Wohnungen. Als er 1844 zum erstenmal für zwei Wochen nach London reiste, kam er in einem kleinen einfachen Hotel an der nördlichen Seite der London Bridge unter.

Acht Jahre später wohnte er zunächst für wenige Tage in Long Acre (einer Straße nördlich des Covent Garden), danach in der Nähe des Eaton Square, südlich des Hyde Park, und bezog schließlich Ende Mai ein Zimmer im dritten Stock eines Eckhauses am Tavistock Square, wo er bis zum Ende seines Aufenthaltes im Herbst 1852 blieb.

»Ich wohne nun Tavistock-Square, mitten in London, nah an Oxford-Street und nicht weit vom Trafalgar-Platz. [...] Der Stadtteil, den ich jetzt bewohne, besteht überwiegend aus großen und kleinen Plätzen, so daß die Straßen, die sich vorfinden, weniger um ihrer selbst als vielmehr um der Verbindung willen, die sie zwischen den zahllosen Squares unterhalten, dazusein scheinen. Bedford- und Fitzroy-, Bloomsbury- und Torrington-Square halten gute Nachbarschaft mit uns, und Russell- und Euston-Square sind so nah, daß wir uns mit ihnen begrüßen können. Die ganze Gegend hat was Herrschaftliches; das macht, sie war das Westend Londons in der zweiten Hälfte des vorigen Jahrhunderts, und dieselbe Aristokratie, die jetzt auf Belgrave- und Eaton-Square ihre townresidences hat und sich des Bekenntnisses schämen würde, östlich von Grosvenor-Place und Hyde-Park-Corner zu wohnen, lebte vor 80 Jahren, nicht minder selbstbewußt, hier auf Tavistock-Square und baute jene fassadengeschmückten Häuser und jene hohen Zimmer, die jetzt nicht mehr passen wollen zu der meist bürgerlichen Schlichtheit ihrer Bewohner.« Und seiner Frau schrieb er: »Ich habe 3 Treppen hoch ein kleines Stübchen, ohne allen Comfort, sogar ohne Camin.«

Tavistock Square ist einer der vielen Plätze in Bloomsbury, einem Londoner Stadtteil, der zwischen der Euston Road und dem British Museum liegt. Berühmt wurde diese Gegend in den zwanziger Jahren unseres Jahrhunderts durch die ›Bloomsbury Group‹ um Virginia Woolf, die selbst an verschiedenen Plätzen dieses Viertels wohnte, dessen Häuser im ersten Jahrzehnt des 19. Jahrhunderts im georgianischen Stil erbaut, noch heute das unverwechselbare Flair dieser Gegend ausmachen.

Fontane erzählte, daß einer seiner nächsten Nachbarn Charles Dickens war, aber daß er noch nicht gewagt habe, ihn aufzusuchen. Diese Straßen und Squares vergaß er nicht, und im September 1855 wieder in London, schrieb er seiner Frau: »Gestern nachmittag besuchte ich (es war mein erster Gang) Tavistock-Square. Es berührte mich doch eigentümlich, als ich den Ahornbaum wiedersah, unter dem ich so oft gesessen, nach Highgate hinunter geblickt und an die Heimat gedacht hatte.«

Als er im Herbst 1887, nach dem Tod seines Sohnes George, *Unwiederbringlich* schrieb, und darin von dem Grafen Holk erzählt, der nach der Trennung von seiner Frau in London lebt, da läßt er ihn nach Bloomsbury ziehen. »Ende Mai war, und die Londoner Squares boten das hübsche Bild, das sie zur Pfingstzeit immer zu bieten pflegen. Das galt im besonderen auch von Tavistock-Square; der eingegitterte, sorglich bewässerte Rasen zeigte das frischeste Frühlingsgrün, die Fliederbüsche standen in Blütenpracht, und die gelben Rispen des Goldregens hingen über das Gitter fort in

die breite, dicht daran vorüberführende Straße hinein. Es war ein reizendes Bild, und dieses Bildes freute sich auch Holk, der in einem alten, übrigens sehr wohlerhaltenen und in seiner doppelten Front von einem Balkon umgebenen Eckhaus die Zimmer im ersten Stock innehatte. Er liebte diese Gegend noch aus der nun zwanzig Jahre zurückliegenden Zeit, wo er, als junger Attaché der dänischen Gesandtschaft, in eben diesem Stadtteile gewohnt hatte.«

Bei seinem dritten Aufenthalt 1855 wohnte Fontane zunächst in der Nähe der Kensington Gardens, aber das war für ihn zu weit von der City entfernt, Mitte Oktober fand er bei dem Ehepaar Wilmont eine Wohnung in der New Ormond Street, die heute Great Ormond Street heißt und von Bloomsbury und dem Tavistock Square nicht weit entfernt liegt. Er behielt sie bis Ende Januar des nächsten Jahres, bis zu dem Zeitpunkt, da seine Frau Emilie mit dem fünfjährigen George und Fontanes Schwester Lischen nach London kam. Die Familie versuchte es mit zwei neuen Wohnungen nacheinander, aber es wollte nicht klappen. Bereits im Mai kehrte Emilie mit dem Kind nach Berlin zurück, und Fontane nahm wieder Wohnung bei den Wilmonts, die im August in eine etwas nordwärts gelegene Parallelstraße, in die Guilford Street, zogen. »Meine Wohnung ist allerdings viel hübscher als die frühre«, schrieb er seiner Frau, »und an den Straßenlärm hab' ich mich gewöhnt. Es ist nur wenige Schritte von New Ormond Street entfernt. Guilford Street läuft mit der Strand und der Oxford Street Linie parallel und führt von Russel Square bis in den Stadttheil wo die Post liegt.«

Im September und Oktober 1856 fuhr er nach Berlin auf Urlaub. Danach wohnte er weiter in bequemer Lage zur City in der Guilford Street. Erst als er Ende März 1857 wieder für vier Wochen nach Berlin fuhr, zog er aus. Ende April kehrte er nach London zurück, und bereits Ende Juni kam Emilie mit George und dem kleinen Theo nach London. Anfang August bezogen sie ein Haus in der St. Augustins Road im Stadtteil Camden Town, südöstlich vom Regents Park, das »ist eine der im Norden gelegenen Vorstädte von London. Das Terrain steigt hier an, weshalb der ganze Stadtteil zu den gesundesten zählt; das Wasser läuft ab, keine Feuchtigkeit; im Winter, glaub ich, ein wenig kalt«, berichtete Fontane dem befreundeten Ehepaar Merckel nach Berlin. »Unser Haus besteht aus 3 Etagen, ein Souterrain, ein Hochparterre und Eine-Treppe-hoch. Zwei Fenster Front wie fast alle englischen Häuser. Die Vorderfront des Hauses ist gefällig: flaches Dach, der Abputz von graubrauner Farbe, die Fenster breit mit venezianischen Blenden; eine 12 Stufen zählende Sandsteintreppe, zu einem pfeilergetragenen Vorbau führend, aus dem man dann in den Flur (Hochparterre) des Hauses tritt. Vor dem Hause ein kleiner Blumengarten von der Größe einer 2fenstrigen Stube, hinter dem Hause ein Rasenplatz zum Spielen für die Kinder.« In diesem bequemen Haus blieb die Familie bis Anfang 1859 wohnen, dann kehrte sie endgültig nach Berlin zurück.

Heute kann der Besucher nur noch die Gegenden, vielleicht die Straßen suchen, die Häuser wird er zumeist nicht mehr finden, aber vielleicht noch ein wenig von der damaligen Atmosphäre, in dem Bewußtsein, hier lebte damals Fontane, verspüren.

Themse-Tunnel und Tower

Bei seinem ersten Besuch in London empfand Fontane es als eine Pflicht, den damals seit kurzer Zeit fertiggestellten Themse-Tunnel aufzusuchen. Trug doch der ›Literarische Sonntagsverein‹, in den ihn Bernhard von Lepel als Gast eingeführt hatte, nicht ohne Grund, den Namen ›Tunnel über der Spree‹. Moritz Gottlieb Saphir (1795-1858) hatte ihn im Dezember 1827 gegründet und ihm damals aus ›ungeheurer Ironie‹ (so eine Devise des Vereins) zu dem weithin bekannt gewordenen technischen Unternehmen eines ersten Unterwassertunnels, dem Themse-Tunnel, den parodistischen Namen ›Tunnel *über* der Spree‹ gegeben.

»Das erste war der *Tunnel*. Er bereitete mir eine große Enttäuschung. Ein so kühn gedachtes und auch ausgeführtes Unternehmen dieser unter das Flußbett getriebene Stollen war, so machte derselbe doch unmittelbar bloß den Eindruck, als schritte man durch einen etwas verlängerten Festungs-Torweg. Großen Eindruck macht immer nur das, was einem im Moment auf die Sinne fällt, man muß die Größe direkt *fühlen*; ist man aber gezwungen, sich diese Größe erst herauszurechnen, kommt man erst auf Umwegen und mit Hülfe von allerlei Vorstellungen zu der Erkenntnis: ›ja wohl, das ist eigentlich was Großes‹, so ist es um die Wirkung geschehen.«

Noch heute gibt es den Themse-Tunnel von 1843, er liegt etwa zweitausend Meter ostwärts und damit flußabwärts von der Tower Bridge und verbindet Wapping mit Rotherhithe. Sir Isambard Brunuel hatte ihn geplant und 1824 mit dem Bau begonnen. Mehrmals brach Wasser ein, es dauerte fast zwei Jahrzehnte, bis er 1843 eröffnet werden konnte. Knapp vierhundert Meter lang, besteht er aus zwei gemauerten

Durchgängen, die über vier Meter breit und fast fünf Meter hoch sind. 1865 wurde er an die East London Railway Company verkauft und diente zunächst dem Eisenbahnverkehr. Ein halbes Jahrhundert danach wurde auch in Berlin ein ›Tunnel *unter* der Spree‹ gebaut, der einer Straßenbahnverbindung zwischen Treptow und Stralau diente. In London eröffnete man 1902 den Greenwich Foot Tunnel, er ist 370 Meter lang und liegt zwischen dem Greenwich Pier und der Isle of Dogs.

Als Fontane vor dem Eingang des gerade eröffneten Tunnels stand, dachte er vielleicht an das Tunnel-Lied, »dessen erste Strophe lautet:

> Zu London unter der Themse
> Der mächtige Tunnel liegt,
> Der Strom, scheu wie die Gemse,
> Hin über die Tiefe fliegt...

[...] Wer die Londoner Themse gesehen hat, wird ihr alles mögliche nachrühmen können, nur nicht den Gemsencharakter und die Scheuheit. Aber sonderbar, es gibt in der Poesie so viele Wendungen, die trotz ihrer Mängel, ja vielleicht um derselben willen, einen immer wieder lebhaft erfreuen und sozusagen ›Jenseits von Gut und Böse‹ liegen.«

»Der Tunnel versagte, desto mächtiger wirkte der *Tower*. Im allgemeinen geht es freilich auch bei historischen Punkten ohne Zuhülfenahme von Vorstellungen, ohne Heraufbeschwörung bestimmter Bilder nicht gut ab; es gibt aber doch Örtlichkeiten, denen man ihre historische Bedeutung auch ohne Kommentar sofort *abfühlt*. Und dazu gehört ganz eminent der Tower, mehr als irgend ein anderer Punkt, den ich kennen gelernt habe...«

Bei allen Aufenthalten in London besuchte Fontane stets

24   *Rechts: Tower. Traitors Gate*

den Tower, der auch heute noch zu den meistbesuchten Wahrzeichen der Stadt gehört, fast zweieinhalb Millionen Besucher im Jahr sehen seine Mauern und Türme.

»Der Tower ist eine Art Fort, von einem breiten, jetzt ausgetrockneten Graben ringsum eingefaßt, und besteht aus einem bunt zusammengewürfelten Haufen von Wällen und Türmen, deren bedeutendster, der weiße Tower, wiederum eine Zitadelle für sich bildet und isoliert aus der Mitte des geräumigen Festungshofes emporragt.« An der Themsefront bemerkt man eine Tür, »das ist ›Traitors Gate‹, das ›Hochverräter-Tor‹ [...] Es ist ein Wasserbassin, von der Größe und dem Ansehn einer geräumigen Badezelle; von oben blickt der Himmel herein. Einander gegenüber liegend gewahren wir zwei Tore: das eine führt auf den Strom, das andere zum Tower-Hof. Geräuschlos, meist in dunkler Nacht, glitt das wohlbesetzte Boot die Themse hinunter. Fernab von Volk, Freunden und jeder Möglichkeit der Rettung, starrte der Angeklagte vor sich hin und ahnte: ich fahre in den Tod. Wenn das Außentor sich öffnete und wieder schloß, war er schon wie im Kerker: vier hohe Wände ringsum und nur ein Streifen Himmel über sich. Zu *ihm* mocht' er aufblicken, *ihn* mocht' er anrufen: das Ohr und die Gnade der Menschen lagen weit hinter ihm. Schweigend legte sich das Boot an die steinernen Stufen, die jetzt zu dem innern Tore hinaufführten, und der Verklagte bestieg sie wie eine *erste* Leiter zum Schafott.«

Die Faszination des Ortes, die man in diesen Worten verspürt, hat Fontane bis in seine letzten Jahre begleitet. Im *Stechlin* besucht Woldemar von Stechlin die Barbys, um sich kurz vor seiner London-Reise zu erkundigen, ›was man sehen muß‹. Und Gräfin Melusine, die viele Jahre in London gelebt hatte, nennt daraufhin ›Traitors Gate‹. »Nun sehen Sie, Sie kommen da vom Eingange her einen schmalen Gang entlang, und mit einem Male haben Sie statt der grauen Steinwand ein eisenbeschlagenes Holztor neben sich. Hinter diesem Tor aber befindet sich ein kleiner, ganz unten in der Tiefe liegender Wasserhof, von dem aus eine mehrstufige Treppe heraufführt und eben an der Stelle mündet, an der Sie stehn. Und nun rechnen Sie dreihundert Jahre zurück. Wem sich die Pforte damals auftat, um sich hinter ihm wieder zu schließen, der hatte vom Leben Abschied genommen ... Es sind da, verzeihen Sie das Wort, lauter glibbrige Stufen, und *wer* alles stieg diese Stufen hinauf: Essex, Sir Walter Raleigh, Thomas Morus und zuletzt noch jene Clanhäuptlinge, die für Prince Charlie gefochten hatten und deren Köpfe, wenige Tage später, von Temple Bar herab, auf die City niedersahen.« Das sagt vielleicht mehr als eine detaillierte Schilderung der einzelnen Türme des Towers.

Wenn's im Tower Nacht geworden, wenn die Höfe leer
    und stumm,
Gehn die Geister der Erschlagnen in den Korridoren um,
Durch die Lüfte bebt Geflüster klagend dann, wie
    Herbsteswehn,
Mancher hat im Mondenschimmer schon die Schatten
    schreiten sehn.

Vor dem Zug, im Purpurmantel, silberweiß von Bart
    umwallt,
Schwebt des sechsten Heinrichs greise, gramverwitterte
    Gestalt,
Lady Gray dann, mit den Söhnen König Edwards an der
    Hand; –
Leise rauscht der Anna Bulen langes seidenes Gewand.

Diese Verse aus *Der Tower-Brand* schrieb Fontane im Sommer 1844 nach seiner Rückkehr aus London. Er las das Gedicht, in dem der Tower beschrieben wird, mit großem Erfolg im ›Tunnel‹ vor, »die alte Stätte steigenden und gestürzten Ehrgeizes, der Macht und des Verbrechens«. Draußen, jenseits der Mauern, waren die Straßen, der Fluß und das Gewühl der Stadt. »Wir aber, verloren in den Anblick, der sich vor uns auftut, fühlen im Innersten: schön sind die Schauer der Romantik wie Gespenstergeschichten am Kamin, aber wohl uns, daß wir nur *hören* davon; – sie lesen sich gut, aber sie erleben sich schlecht.«

Wer heute den Tower verläßt, sieht vor sich das andere Wahrzeichen, das die Welt mit London verbindet: die Tower Bridge, die es zu Fontanes Zeiten noch nicht gab. Sie wurde im Stil der viktorianischen Gotik von Horace Jones und John Wolfe Barry erbaut und 1894 eröffnet. Heute ist in ihren Brückentürmen ein Museum untergebracht, und man kann zum Fußgängerweg zwischen den Turmspitzen hinauffahren und hat von oben einen unvergleichlichen Blick auf London, bei dem man fühlen kann, wie wahr die Worte Fontanes sind, mit denen er seinen Eindruck zu beschreiben versuchte, den die Stadt seinerzeit auf ihn machte: »Der Zauber Londons ist – seine *Massenhaftigkeit*. [...] Die überschwengliche Fülle, die unerschöpfliche Masse – das ist die eigentliche Wesenheit, der Charakter Londons. Dieser tritt einem überall entgegen. Ob man von der Paulskirche, oder Greenwicher Sternwarte herab seinen Blick auf dies Häusermeer richtet – ob man die Citystraßen durchwandert und von der Menschenwoge halb mit fortgerissen, den Gedanken nicht unterdrücken kann, jedes Haus sei wohl ein Theater, das eben jetzt seine Zuhörerschwärme wieder ins Freie strömt –, überall ist es die Zahl, die *Menge*, die uns Staunen abzwingt.«

Westminster Bridge und
Westminster Abbey

Die Westminster Bridge – Fontane kannte nur die erste, die zwischen 1735 und 1750 erbaut worden war und erlebte von 1856 an den Bau der heute noch bestehenden, die 1862 für den Verkehr geöffnet wurde – bietet einen der eindrucksvollsten Blicke auf London. Aus dem Erlebnis eines Septembertages 1802 auf dieser Brücke schrieb William Wordsworth (1770-1850) die berühmten Verse: »Earth has not anything to show more fair: / Dull would he be of soul who could pass by / A sight so touching in its majesty.«

Von hier blickt man auf die imposante, über 200 m lange Front der Houses of Parliament, die in den vierziger Jahren nach einem Brand neu errichtet wurden. Es war ein umstrittener Bau, »und vor die neuen englischen Parlamentshäuser gestellt, die sozusagen von Fehlern wimmeln, würden auch wir uns durch diesen chaotischen, mit allerhand Häßlichem und Ridikülen beklebten Bau immer wieder viel mehr gefesselt, imponiert und nach oben gezogen fühlen als durch ein halbes Dutzend Schinkelsche Schönheitsbauten. [...] Es fehlt uns keineswegs an dem Auge, um einzusehen, daß die ›Neue Wache‹ schöner ist als Westminster-Palace, dennoch verschwindet jene neben diesem. Es gibt auch innerhalb der Kunst noch ein Rätselvolles, Unberechenbares, jenseits des Schönheitsgesetzes Liegendes, das, wo es in die Erscheinung tritt, unter Umständen die Kunst mehr fördert, als schädigt oder, wenn dies zu viel gesagt sein sollte, wenigstens die künstlerische *Wirkung* eher mehrt als mindert.«

Hinter den am Ufer der Themse beherrschenden Türmen des Big Ben und des Victoria Towers liegt The Collegiate

Church of St. Peter at Westminster, zumeist kurz Westminster Abbey genannt. In zwei Bauphasen, einer ersten im 13. Jahrhundert und einer zweiten im darauffolgenden Jahrhundert, wurde der Hauptbau errichtet, danach im 16. und 18. Jahrhundert die Chapel of Henry VII. und die Westtürme. Die Abbey ist 150 m lang, das Querschiff mißt 60 m, die Höhe 35 m, und die Türme erreichen eine Höhe von fast 70 m.

Fontane zählte sich zu den »Unglücklichen, die es tragen müssen, kein geborener Engländer zu sein, und infolgedessen zu der blasphemischen Ansicht neigen, daß Westminster mehr interessant als schön sei und daß seine beiden Türme (zu denen der arme Wren, kein Freund der Gotik, nolens volens gepreßt wurde) die Linie des Lächerlichen nur notdürftig vermeiden. Ich liebe Westminster«, schrieb er in *Ein Sommer in London*, »und das Zauberblau seiner prächtigen Mittelfenster, ich lieb' es auch, mich in einen Chorstuhl der Kapelle Heinrichs VII. zu setzen und die Wappenbanner der Ritter des Bathordens über mir hin und her schwanken zu sehen, aber es ist die *Geschichte* dieses Platzes und nicht seine *Schönheit*, die mich fesselt…« Dieses ›Zauberblau‹ hatte es ihm angetan, noch im Mai 1870 zählt er seiner Frau in einem Brief auf, was sie beide Schönes erlebt hatten, und erinnert sie an die »blauen Scheiben von Westminster Abbey«.

Als er im Frühjahr 1852, diesmal für einige Monate, in England weilte, besuchte er die Abbey, um seine Sprachkenntnis zu testen. »In die Westminster-Abtei; Predigt gehört, ziemlich gut verstanden, und die Überzeugung gewonnen, daß ich unter einigermaßen günstigen Verhältnissen, in 4 Wochen ohne alle Schwierigkeit sprechen lernen würde«, heißt es im Tagebuch. Am Tag zuvor war er zu spät gekommen und hatte Zeit, die Kirche innen und außen zu mustern. »The wonder of the world oder the miracle of the universe will mir doch nicht *voll* als das erscheinen: gegen den Kölner Dom (ich spreche nur vom Styl, in Bezug auf Größe ist ohnehin keine Rivalität möglich) fällt die Abtei im Allgemeinen und die Kapelle Heinrichs des VIIten in's besondre ab.«

Nur, wenn der ›historische Zauber‹ sich ausbreitet, und nur, wenn dieser wirkt, tut die Schönheit ein übriges. »Die wundervollsten Farbtöne kommen hinzu; nirgends in der Welt ein tiefer wirkendes Blau. Die Kirche, daran fast ein Jahrtausend gebaut hat, ist in ihren Einzelteilen sehr verschiedenwertig; das von Christopher Wren herrührende Langschiff ist vergleichsweise langweilig, und die der Elisabethzeit entstammende ›Kapelle Heinrichs VII.‹ erscheint, trotz aller Kunst und Meisterschaft, in ihrer Trompenüberfülle doch immerhin von einer mehr oder weniger anfechtbaren Schönheit. Aber wunderschön ist das Querschiff, und wunderschön vor allem sind die Kapellen, die den alten Chor umstehen.«

Diese Kapelle Heinrichs VII. war ihm wichtig: »weniger um die Pracht des ganzen Baues, die phantastische Schönheit der Decke oder gar die niederhängenden Banner der englischen Ritterschaft zu bewundern«, und wieder kam der ›historische Zauber‹ ins Spiel, »als vielmehr um rechts und links (zu beiden Seiten der eigentlichen Kapelle) die Marmorbildnisse jener königlichen Frauen zu betrachten, die jetzt an *einer* Stelle fast, auf ihren Sarkophagen ruhen, während ihnen ganz England einst zu klein erschien, um beieinander Raum zu haben. Aus ihren Zügen spricht kein Haß mehr, nur Schönheit und Ruhe. Sie blicken uns nicht an wie aufgefaßt in ihrer Sterbestunde, von Alter und Tod jedes Reizes entkleidet, nein, *jene* Elisabeth ist es, zu deren Füßen sich der Mantel Walter Raleighs breitete, und *jene* Maria, an deren Auge die Jugend Schottlands hing. Jakob I. bestattete beide hier, von denen ihm die eine den Thron, die andre das Leben gab.« Zu Seiten

des Mittelschiffs der Kapelle liegt an der nördlichen Seite Elisabeth I. (1533-1603) und an der südlichen ihre Gegnerin Maria Stuart (1542-1587). Der Stuart Jakob I. (1566-1625), Sohn der Maria, wurde als Herrscher Elisabeths Nachfolger auf dem britischen und schottischen Thron. Als Fontane im August 1858 die Hebrideninsel Staffa besuchte, erinnerten ihn die Basaltsäulen der ›Fingalshöhle‹ an die Architektur der Kapelle (siehe S. 142). »Wer London und die Westminsterabtei kennt, den wird der gotisch-phantastische Bau, den die Natur hier gebildet hat, immer wieder an die Kapelle Heinrichs VII. erinnern.«

In der Abbey, vorzüglich in der Ecke im südlichen Querhaus, die ›Poets' Corner‹ heißt, liegen die Ruhestätten oder Gedenktafeln derer, deren Ruhm die Jahrhunderte überdauerte: Händel, Thomas Gray, Milton, Chaucer, Shakespeare und Walter Scott, um nur einige zu nennen, es sind Hunderte und Aberhunderte an Tafeln und Gedenksteinen. Es gibt auch einen ›Musicians' Corner‹ und selbstverständlich einen ›Statesmen's Corner‹. »›Sieg oder Tod‹, so klingt es bei uns, wenn Mann gegen Mann, die Schlachtenwürfel fallen; aber ›victory or Westminster-Abbey!‹ ruft Alt-England, wenn's über die Enterbrücke hinweg zum Sturm auf die feindlichen Schiffe schreitet. An die Stelle des Knochenmannes tritt sein glänzender Tempel, und die Schlacht wird zu einem Spiel, drin jede Nummer gewinnt: – ›Sieg oder – Ruhm.‹«

Was Fontane mit dem ›Zauber der Historie‹ umschreibt, läßt er Woldemar von Stechlin während dessen nur wenige Tage währenden Besuches in London verspüren. Bei seiner Rückkehr wird er bei den Barbys aufgefordert, von seinen Erlebnissen zu berichten, und gefragt, welchen Eindruck ihm die Kapelle Heinrichs VII. gemacht habe. »›Den denkbar großartigsten. Ich weiß, daß man die herabhängenden Trichter, die sie ›Tromben‹ nennen, unschön gefunden hat, aber ästhetische Vorschriften existieren für mich nicht. Was auf mich wirkt, wirkt. Ich konnte mich nicht satt sehen daran. Trotzdem, das Eigentlichste war doch noch wieder ein andres und kam erst, als ich da zwischen den Sarkophagen der beiden feindlichen Königinnen stand. Ich wüßte nicht, daß etwas je so beweglich und eindringlich zu mir gepredigt hätte wie gerade diese Stelle.‹ – ›Und was war es, was Sie da so bewegte?‹ – ›Das Gefühl: ›Zwischen diesen beiden Gegensätzen pendelt die Weltgeschichte.‹ Zunächst freilich scheinen wir da nur den Gegensatz zwischen Katholizismus und Protestantismus zu haben, aber weit darüber hinaus (weil nicht an Ort und Zeit gebunden) haben wir bei tiefer gehender Betrachtung den Gegensatz von Leidenschaft und Berechnung, von Schönheit und Klugheit. Und das ist der Grund, warum das Interesse daran nicht ausstirbt. Es sind große Typen, diese feindlichen Königinnen.‹«

Als damals, in den fünfziger Jahren, Fontane einmal die Stille der Abbey verließ, stand er plötzlich inmitten des Stadttreibens: »Zu Roß und zu Wagen jagt der schimmernde Glanz des Tages dahin; die lachende Schönheit, das beneidete Gold, die am Ruder befindliche Macht – aber wie reich sich dieses Leben erschließen mag, wie wenige gehören ihm an, die von der Hand des Todes nicht gleichzeitig hinweggewischt werden von der Tafel des menschlichen Gedächtnisses, und wer ist unter ihnen, dessen Marmorbild jene stille Ruhmeshalle beschreiten wird, die zwischen den Bäumen des Parks wie ein Nebelbild herüberschimmert?!«

St. James's Palace und
Marlborough House

Von der Westminster Abbey kann man bequem durch den St. James's Park zum St. James's Palace gehen. Man überquert die ›Mall‹, die direkt auf den Buckingham Palace führt, und geht weiter durch die Marlborough Road auf die ›Pall Mall‹, dann steht man vor dem Palast.

1858 im Januar fanden in der Royal Chapel des Palastes die Feierlichkeiten anläßlich der Vermählung der ältesten Tochter der Queen Victoria mit dem preußischen Kronprinzen Friedrich Wilhelm, dem späteren Kaiser Friedrich III., statt, über die Fontane in mehreren Aufsätzen in ›Die Zeit‹ berichtete: »Der alte, unscheinbare und doch an historischen Erinnerungen so reiche Palast von St. James ist ausersehen, auch bei den bevorstehenden Vermählungsfeierlichkeiten wieder anderen glänzenderen Mitbewerbern (wie St. Paul und Westminster) es zuvorzutun und in seiner ›Königskapelle‹ ein Ehebündnis geschlossen zu sehn, das unter Gottes gnädigem Schutze zu gleichem Glück und gleichem Segen führen soll wie die letzte feierliche Trauhandlung, die in seinen Mauern vollzogen wurde – die Vermählung zwischen Königin Viktoria und Prinz Albert.«

»Das von zwei abgestutzten Türmen flankierte Hauptportal blickt James-Street hinauf, während die Rückseite des Palastes an der Lisière des James-Park hinläuft, der sich malerisch mit seinen Teichen und Baumgruppen nach drei Seiten hin erstreckt und unter einem dünnen Nebelschleier eher an Schönheit gewinnt als verliert. In der Ferne, unbestimmt durch den Nebel hindurch, schimmern die Türme der Parlamentshäuser und von Westminster-Abbey, während von der rechten Seite her, in schräger Stellung zum alten James-Palast, der stattliche Bau von Buckingham Palace herüberblickt.« Auch das war ein historischer Platz mit dem ›Zauber der Geschichte‹. Zunächst ein Hospital, wurde es unter Heinrich VIII. zu einem königlichen Wohnsitz umgebaut. Herrscher und Herrscherinnen residierten hier, Könige wurden in seinen Mauern geboren. Noch heute gibt es das kleine Zimmer, »wo Maria von Modena, die Gemahlin des Königs [Jakob II. (1633-1701)], jenen unglücklichen Prinzen [Jakob III.] gebar, der unter dem Namen des ›Prätendenten‹ bekanntgeworden ist, jenen Prinzen, der lange und unermüdlich nach der Wiedereroberung seiner Krone trachtete, bis der Tag von Drummossie-Moor [auch Culloden-Moor genannt, wo sein Sohn, der ›Bonnie Prince Charlie‹, endgültig geschlagen wurde] für immer gegen ihn und das Haus Stuart entschied.« Als Ende des 17. Jahrhunderts ein Feuer Whitehall zerstörte, »wurde es üblich, die Staatszeremonien und großen Festlichkeiten im Palast von St. James abzuhalten, und von ebendieser Zeit spricht man auch von einem ›Hofe von St. James‹«. Noch heute werden die ausländischen Botschafter in ›St. James‹ akkreditiert. »Der ganze Bau besteht aus fünf oder sechs quadratförmigen Höfen, unter denen der erste, der sogenannte Fahnenhof (Colour-Court), der geräumigste und stattlichste ist. [...] Der Anblick, den sie gewähren, ist im wesentlichen überall derselbe: kleine Vierecks, von Backsteinmauern eingefaßt, ein niedriges Erdgeschoß und eine schmucklose Belle-Etage. Selbst die Fensterverzierungen fehlen, die der echte Tudor-Stil erheischt und die ihm einen Teil seines Reizes geben. Überhaupt tritt einem dieser Stil nur an der Nordseite von St. James, also an seiner eigentlichen Front, entgegen. Hier, wenn man James-Street herunterkommt, präsentiert sich der sogenannte Palast unbedingt am

besten, und das alte Gatehouse mit seinen abgestutzten Türmen, die wie zwei Wächter den Eingang schützen, erinnert wenigstens an das Schloß von Hampton-Court und ähnliche stattliche Bauwerke jener Periode.«

»Die Royal Chapel von St. James [...] befindet sich in dem westlich gelegenen Teil des Palastes, und zwar zwischen dem Fahnen- und dem Gesandtenhof. [...] Von großen Sehenswürdigkeiten enthält die Kapelle nichts, wenn man nicht einen silbernen Kandelaber und verschiedenes wertvolles Altargerät dahin rechnen will. Die einzige Besonderheit ist die von Holbein im Jahre 1540 gemalte Decke, die noch in diesem Augenblick (wenn auch teilweis das Werk verschiedener Reparaturen) durch ihren Farben- und Goldglanz die Aufmerksamkeit des Besuchers erzwingt.«

Westlich neben dem St. James's Palace steht Marlborough House, das Sir Christopher Wren (1632-1723) um 1710 für John Churchill, den Duke of Marlborough (1650-1722) baute. Zu Fontanes Zeiten war hier die Sammlung des Kunstmäzens Robert Vernon (1774-1849) untergebracht, die später in die National Gallery überging. Heute dient Marlborough House als Konferenz-Zentrum des Commonwealth.

Im November 1856 zeigte die Vernon Gallery zwanzig Gemälde des im Dezember 1851 verstorbenen englischen Malers William Turner (1775-1851), der, aus kleinen Verhältnissen stammend, im Verlauf seines Lebens so geschätzt wurde, daß er nach seinem Tod eine Grabstätte in der St. Paul's Cathedral fand.

Fontane besuchte diese Ausstellung mehrfach und schrieb einen Aufsatz darüber, den sein Tunnelfreund Friedrich Eggers im Januar 1857 im ›Deutschen Kunstblatt‹ veröffentlichte. Selbst nach seinem Tode war Turner bei aller Wertschätzung noch umstritten, ein englischer Kritiker sagte von ihm, er male »Bilder, die nichts darstellen, aber das sehr treffend«. Fontane sah Turners Bilder kritisch, war aber beeindruckt. »Turner ist nun aber wirklich ein Maler. Die Vernon-Galerie besaß seit lange einzelne seiner charakteristischsten Landschaften, und hier war es, wo mir seine völlig abweichende Art zu malen schon vor Jahren auffiel und trotz einer gewissen Manier und eines unverkennbaren Zuweitgehens ebenso imponierte wie zum Nachdenken Stoff bot.«

»Unter den zwanzig ausgestellten Gemälden befinden sich zwei, die etwas Symbolisierendes, und zwar mit allem Fug und Rechte, haben, und diese beiden Bilder sind mir um ebendeshalb die wertvollsten der Sammlung. Hier deckt sich alles, hier ist alles am rechten Ort. Das eine heißt ›Italien‹ (wie es sich dem Auge und Gemüt des pilgernden Childe Harold darstellt) [›Childe Harold's pilgrimage – Italy‹. Heute: Tate Gallery] und gibt in wunderbar schöner Weise das still-heitere Leben italischer Landschaft und italischen Volkes unter den Trümmern einer großen und mahnenden Vergangenheit wieder. Das andere führt die Inschrift ›Das Begräbnis David Wilkies‹ [›Peace – buriel at sea‹. Heute: Tate Gallery]. Die Leiche des berühmten Genremalers wurde in einem Steamer, bei nächtlicher Weile, ich weiß in diesem Augenblick nicht wohin geschafft. Alles grau, Himmel, Meer und die Felsen, die in der Ferne ragen; nur eine Signalrakete steigt mit weißem Lichtglanz in die Luft. Und durch das graue, stille Meer schaukelt der Steamer, schwarz der Rumpf, schwarz die Segel und schwarz der Dampf, der wie eine Trauerfahne weht. Das Ganze ein Riesensarg.«

1857 fand in Manchester eine große Kunstausstellung statt, zu der Fontane fuhr, und über die er in mehreren Aufsätzen in ›Die Zeit‹ berichtete. In Manchester waren neben Werken anderer Künstler auch zahlreiche Gemälde und

Aquarelle von William Turner ausgestellt. »Während er immer tiefer in das Geheimnis der Farbe einzudringen glaubte, ging ihm zuletzt die Farbe selbst verloren. Wie schöne schwindsuchtskranke Mädchen immer lichtvoller, immer durchsichtiger vor uns wandeln, so fiel zuletzt, wie ein bloßer Rest von irdischer Schwere, die Farbe von Turners Bildern ab; *er schien mit Licht malen zu wollen.* Das ist poetisch, aber gehört nicht in die bildende Kunst. – Der gewöhnliche Geschmack wird in Bausch und Bogen den Stab darüber brechen, und die Kritik wird gerechte Ursache zu Tadel und Warnung finden, aber der falsche Weg, den dieser wunderbare Mann einschlug, war nichtsdestoweniger der Weg des Genies, und es gebührt ihm um seines Strebens, wenn auch nicht immer um seines Gelingens willen der Ehrenplatz in der Krypta von St. Paul und jener schönere Platz in der Erinnerung seiner Nation.«

In unseren Tagen kann man das Werk Turners in der Tate Gallery besichtigen, hatte doch Turner in seinem Testament sein Werk – etwa 300 Gemälde und knapp 20 000 Zeichnungen und Aquarelle – dem Staat mit der Auflage vermacht, daß es nicht aufgeteilt werden dürfe. 1897 wurde zwischen Chelsea und Westminster am Themseufer die Gallery gebaut, die den Namen des Kunstsammlers Sir Henry Tate (1819-1899) tragen sollte. Sie nahm unter anderem Turners Werk auf, neunzig Jahre später baute der britische Architekt James Stirling, von dem das Stuttgarter Museum stammt, einen Nebenbau, die Clore Gallery. Hier ist der gesamte, sehr umfangreiche Nachlaß Turners versammelt, er allein ist eine London-Reise wert.

Kleiner Straßenbummel

Fontane war fast täglich in der Londoner City unterwegs, und besonders gern fuhr er mit einem der üblichen Omnibusse, einem Wagen, der von zwei bis drei Pferden gezogen wurde und auch auf dem Dach Platz bot, ein Platz mit dem ›Panoramablick‹, den Fontane ganz besonders schätzte. »Nun aber die Augen gradaus und hinein in das Treiben Picadillys, dessen Pflaster wir jetzt geräuschlos hinunterfahren. Die erste Hälfte Picadillys gleicht einem Kai: zur Linken nur erheben sich Paläste und Häuser, rechts aber dehnt sich, einer Wasserfläche gleich, der Green-Park aus und labt das Auge durch seinen Rasen und die freie Aussicht zwischen den Bäumen hindurch.«

Vom Piccadilly Circus, am Ende der Straße, biegt die Regent Street rechts ab und führt auf den Waterloo Place. »Vor uns steigt die York-Säule auf; Carlton-House, der Sitz der preußischen Gesandtschaft, zeigt uns seine hohen Eckfenster.« Hier am Waterloo Place lag das Prussia House, der Sitz des preußischen Gesandten, den Fontane häufig aufsuchen mußte. Heute liegt die Gesandtschaft der Bundesrepublik im Nobel-Stadtviertel Belgravia am Belgrave Place. Vom Waterloo Place ist es nur ein kurzes Stück zum Trafalgar Square.

»Da sind wir: die Fontänen tun das Ihre (freilich nur ein bescheidner Teil); der Sieger von Trafalgar schaut von seiner Kolonne herab, die Nationalgalerie zieht sich, als fühle sie die Schwächen ihrer Schönheit, bescheiden in den Hintergrund zurück.«

»In der Mitte des Platzes erhebt sich die 170 Fuß hohe Nelson-Säule; auf ihr der Sieger von Abukir selbst. Ob die Statue gut ist oder schlecht, mag ein anderer entscheiden als ich; auf

eine Entfernung von 170 Fuß bescheidet sich mein Auge jeder Kritik und überläßt es den Teleskopen, Nachforschungen anzustellen. Nur so viel: Nelson trägt Frack und Hut, aller Gegnerschaft zum Trotz, auf gut napoleonisch, und die Statue, wie sie da ist, auf den Vendôme-Platz zu Paris statt auf den Trafalgar-Square in London gestellt, sollt' es ihr nicht schwer fallen, vielen tausend Beschauern gegenüber, den englischen Admiral zum französischen Kaiser avancieren zu lassen. Man hat keine andren Anhaltepunkte als den schlaff herabhängenden Rockärmel, drin der Arm fehlt, und das Gewinde von Schiffstau, dran der Rücken sich lehnt; das einzige, was jeden Zweifel lösen könnte, entzieht sich der Beobachtung – das Gesicht.« Die Nelson-Säule wurde 1842 errichtet, die vier Bronzelöwen am Fuße der Säule, entworfen vom berühmten Tiermaler Landseer, kamen erst 1867 hinzu.

»Immer weiter! Der Square liegt dicht hinter uns; das ist der ›Strand‹, der sein buntes Leben jetzt vor uns entfaltet. Es ist die Verbindungslinie zwischen Westend und der City, und der Charakter beider findet sich hier in raschem Wechsel nebeneinander. [...] Mein Auge hält sich rechts; kurze Querstraßen laufen zur Themse hin, mitunter blitzt der Strom selbst blau und schimmernd hindurch.« Hier am ›Strand‹ kehrte Fontane zeitweise fast täglich bei ›Simpson's Tavern & Divan‹ ein. Das von John Simpson in der ersten Hälfte des 19. Jahrhunderts gegründete Restaurant besteht noch heute. »Das Café Divan, wie sich von selbst versteht, ist der Platz in London, où les beaux esprits rencontrent...« Für Fontane war es besonders wichtig, da er bei Simpson's wichtige Zeitungen einsehen konnte, die ihm sonst nicht zur Verfügung standen. Am 18. Dezember 1855 schrieb er nach einem Besuch bei Simpson's:

Im Café Divan wieder einmal
Starr' ich still in die flammenden Leuchter,
Das Herz wird weihnachts-sentimental,
Und die Wimpern werden feuchter:
Doch zwischen die Thränen tritt Freund Humor
Ein gemüthlich-lustiger Lerse,
Und nur ein leiser Trauerflor
Legt sich um die lachenden Verse.

Er sandte die Verse um 3 1/2 Uhr am Morgen des 19. Dezember an seine Frau mit den besten Weihnachtsgrüßen.

An ›Temple Bar‹, dem alten Stadttor, vorbei, geht der Weg in die Fleet Street, auch heute noch das Presse-Zentrum Londons. »Endlich sind wir hindurch; der Menschenknäuel schließt sich wieder, während wir Farringdon-Street durchschneiden und das ansteigende Ludgate-Hill in kürzerem Trab hinauffahren. Jetzt sind wir oben, unmittelbar vor uns steigt der Massenbau St. Pauls in die Luft.«

»Großartige Bauten von mindestens relativer Makellosigkeit hat London nur zwei: St. Paul und das Britische Museum. St. Paul, wenngleich nur eine Nachahmung St. Peters, wird unter diesen Nachahmungen immer den ersten Rang einnehmen. Es ist im höchsten Maße bedauerlich, daß die Beengtheit des Platzes, auf dem dieser Riesenbau steht, einen Totaleindruck unmöglich macht, aber auch was wir sehen, reicht aus, um uns den Namen Christoph Wrens mit Ehrfurcht sprechen und jener Grabschrift desselben (in der Kirche selbst) beipflichten zu lassen, die da heißt: Si monumentum requiris – circumspice! [Fragst du nach seinem Denkmal – schau dich um!].«

Nach dem Großbrand von 1666, der die mittelalterliche Stadt fast völlig zerstörte, wurde Sir Christopher Wren (1632-

1723), der Meister des englischen Barocks, mit dem Wiederaufbau der Stadt und der St. Paul's Cathedral beauftragt. 1675 begannen die Arbeiten, zwölf Jahre später konnte der erste Gottesdienst gehalten werden, und 1710 wurde der Bau vollendet. Das Kirchenschiff hat eine Länge von 152 m, die Höhe der Kuppel erreicht 111 m (das sind 365 Fuß, jeweils einer für jeden Tag des Jahres). Seit 1790 ist die Kirche die Begräbnisstätte großer und bedeutender Persönlichkeiten geworden: hier liegen Sir Christopher Wren, Admiral Lord Nelson, der Maler William Turner und andere. Von der ›Golden Gallery‹, dem Säulenumgang der Kuppel, hat man einen der eindrucksvollsten Blicke über London.

Hinter St. Paul's führt die New Change direkt auf St. Martin's le Grand. Damals stand hier das ›G. P. O.‹ oder ›General Post Office‹, ein 1813 im ionischen Stil erbautes Gebäude, das seinerzeit zu den Sehenswürdigkeiten der Stadt gehörte. Doch nicht der Bau beeindruckte Fontane, sondern mehr das unvorstellbare hektische Treiben vor dem Annahmeschluß der Postsachen. Das Gebäude steht heute nicht mehr, an seiner Stelle erhebt sich ein mächtiges dunkles Geviert. Für Fontane war dieser ›Postschluß‹ so eindrucksvoll, daß er einen farbigen Bericht 1858 in der ›Kreuz-Zeitung‹ veröffentlichte und im *Stechlin*, in dem, angeregt durch die bevorstehende London-Visite Woldemars, viel über England gesprochen wird, erzählt Komtesse Armgard von einem Kindheitserlebnis, einem Besuch in Martin's le Grand. »Und nun hielt unser Hansom Cab vor einem großen Hause, das halb wie ein Palast und halb wie ein griechischer Tempel aussah und unter dessen Säulengang hinweg wir in eine große, mit vielen hundert Menschen erfüllte Halle traten. Über ihren Köpfen aber lag es wie ein Strom von Licht, und ganz nach hinten zu, wo die Lichtmasse sich zu verdichten schien, standen auf einem Po-

dium zwei in rote Röcke gekleidete Bedienstete mit ein paar großen Behältern links und rechts neben sich, die wie Futterkisten mit weit aufgeklapptem Deckel aussahen. [...] Und die hellerleuchtete Uhr darüber zeigte, daß es nur noch eine Minute bis sechs war. An ein Sichheranrängen war nicht zu denken, und so flogen denn die Brief- und Zeitungspapiere, die noch mit den letzten Postzügen fort sollten, in weitem Bogen über die Köpfe der in Front Stehenden weg, was aber dabei statt in die Behälter bloß auf das Podium fiel, das wurde von den Rotröcken mit einer geschickten Fußbewegung in die Futterkisten hineingeharkt. Und nun setzte der Uhrzeiger ein, und das Fliegen der Pakete steigerte sich, bis genau mit dem sechsten Schlag auch der Deckel jeder der beiden Kisten zuschlug.« Der heutige Besucher kann in Martin's le Grand nur noch von dem Zauber dieser Stunden träumen, aber die Erinnerung ist es wert.

Zurück und durch die Cannon Street führt der Weg direkt auf das ›Monument‹, »die berühmte Denksäule, die im Jahr 1677 zur Erinnerung an das große City-Feuer (dem Londonbrücke und Paulskirche zum Opfer fielen) errichtet wurde.«

Vom ›Monument‹ geht es direkt auf die London Bridge. Sie war bis 1769 die einzige Brücke. 1831 wurde sie durch eine Neukonstruktion ersetzt. Als sie Mitte unseres Jahrhunderts abgebrochen werden sollte, ersteigerte eine amerikanische Gesellschaft die zehntausend Tonnen der Quader, um sie in Arizona wieder aufzubauen. Böse Zungen behaupten, sie hätte sich beim Kauf geirrt, da sie gemeint hätte, es wäre die Tower Bridge. Die heutige London Bridge wurde 1973 dem Verkehr übergeben.

Hier endet der kleine ›City-Bummel‹ an Fontanes Hand.

Eine Fahrt die Themse aufwärts

Vor hundertfünfzig Jahren, zu Fontanes Zeit, lagen Chiswick, Kew Gardens und Richmond wie ›Vororte‹ noch außerhalb der Stadt, heute gehören sie zu London, haben sich jedoch ihren ländlichen Charme bewahrt.

»Die Themse hinauf, von London bis Richmond, lehnt sich Dorf an Dorf: Chiswick und Hammersmith, Fulham und Putney, Barnes und Mortlake«, schildert Fontane den Beginn einer Fahrt themseaufwärts, die man auch heute machen kann: Von Westminster Pier fahren die Schiffe in kurzen Zeitabständen ab.

»Durch die Brücken hindurch geht es stromauf, vorbei an Palästen und Kirchen, die ihre Türme im Wasser spiegeln, vorbei an Westminster und Parlament, an Vauxhall und Chelsea, bis endlich die dichte Steinmasse zu armen, vereinzelten Häuschen wird, ähnlich der kleinen Münze, die weit über den Tisch läuft, wenn irgendwo ein Reichtum ausgeschüttet wird. Endlich verschwinden auch diese; nur Wiesen und Weiden noch zu beiden Seiten, bis plötzlich der Steamer hält: wir sind in Kew.« Kurz vor Kew liegt am nördlichen Ufer das sehenswerte Chiswick House, ein der Villa Rotonda des Palladio und der Villa Rocca Pisana des Scamozzi nachempfundener Villenbau aus der ersten Hälfte des 18. Jahrhunderts.

Die Themse biegt nach Süden, und am linken Ufer liegen die Royal Botanic Gardens von Kew, eine der größten Anlagen ihrer Art, die um die Mitte des 18. Jahrhunderts geplant und geschaffen wurde. Ein Jahrhundert später durfte auch die Öffentlichkeit in den Garten. Nach seinem Besuch Mitte Mai 1857 notierte Fontane im Tagebuch: »In dem schönen Garten u. den vielen Gewächshäusern umherpromenirt, aber

Folgende Seiten: Kew Gardens und Richmond Park   53

doch am meisten an der milden Luft u. dem blühenden Flieder gefreut. In einem Tea-Garden Porter getrunken.« Das große Palm House – 110 m lang, 30 m breit und 20 m hoch – erhebt sich eindrucksvoll aus dem Grün der Gartenflächen wie eine Erinnerung an den nicht mehr bestehenden ›Kristallpalast‹.

Die Fahrt geht weiter themseaufwärts, und bald heißt es: »…wir sind in Richmond-Park. Unter allen Weibern sind das die reizendsten, die sich zu verschleiern und zu rechter Stunde wie Turandot auszurufen wissen: ›Sieh her, und bleibe deiner Sinne Meister!‹ Es ist mit den Landschaften wie mit den Weibern; wer das nicht glauben will, der verliebe sich oder gehe nach Richmond. Wir sind in den Park getreten; der Kiesgang vor uns, die Buchen- und Rüsterkronen über uns verraten nichts Außergewöhnliches; gleichgültig, mit unsern Gedanken weit fort, gleiten unsere Finger an dem Eisengitter entlang, bis plötzlich ein Luftzug uns anweht und wir aufblikken. Wir stehen an einem Abhang, der ein ›hängender Garten‹ ist. Weiß- und Rotdorn, mit ihrer Blütenfülle das dunkle Grün ihres Blattes verdeckend, tauchen wie Blumeninseln aus dem leise bewegten Grasmeer auf; wie ein Sinnbild des Reichtums dieser Fluren webt der Goldregen seine üppiggelben Trauben in dies Bild, und Fußpfade schlängeln sich rechts und links wie ausgestreckte Arme, die dich einladen, teilzunehmen an all dem Glück.« Mitte des 17. Jahrhunderts wurde das Gelände mit einem dreizehn Kilometer langen Zaun als Wildpark eingezäunt. Heute ist Richmond Park mit fast siebenhundert Hektar der größte Stadtpark Großbritanniens, in ihm wachsen die ältesten Eichen der britischen Inseln.

Das Schiff fährt weiter flußaufwärts bis zu dem schönsten englischen Königspalast, bis Hampton Court Palace, das der mächtige Kardinal Wolsey, Erzbischof von York, in der ersten Hälfte des 16. Jahrhunderts erbauen ließ und dann seinem

König Henry VIII. schenkte, um dessen Gunst zu erhalten. »Schloß Hampton-Court zerfällt in zwei verschiedene Teile, die, wiewohl äußerlich miteinander verbunden, doch auf den ersten Blick ihre doppelte Abstammung verraten. Die ältere Hälfte präsentiert sich im Tudorstil und zeigt denselben in der ihm möglichsten Vollendung. [...] Der neuere Teil des Schlosses ist aus der Zeit Wilhelms III. und ein Werk Christoph Wrens, des berühmten Erbauers der Paulskirche. [...] Beide Teile haben ihre besondere Sehenswürdigkeit, der neuere die Bildergalerie – der ältere die große Bankethalle aus den Tagen Heinrichs VIII. Diese betritt man zuerst. Sie ist auch in England, diesem Vaterland der Hallen, ein Unikum und übertrifft an Schönheit, wenn auch vielleicht nicht an Ausdehnung, die berühmte Westminster-Halle um ein bedeutendes.«

»Die Galerie von Hampton-Court hat keinen Weltruf wie die Dresdner, die Wiener und Versailler, der italienischen Schätze völlig zu schweigen.« Es gibt dort ein Porträt der Maria Tudor, der Elisabeth, der schönen Anna von Dänemark, und »aus schlichtem Rahmen heraus schaut, als weine sie im tiefsten Herzen, das blasse Antlitz Maria Stuarts. Und doch war sie noch halb ein Kind, als sie dem Maler zu diesem Bilde saß. Ein Klosterschleier umhüllt weiß und dicht das schmale, feine, geheimnisvolle Gesicht, das nichts hat von jugendlicher Heiterkeit.«

Weiter flußaufwärts liegt Windsor Castle. Für einen Besuch kann man die British Rail ab Waterloo Station benutzen, wie auch Fontane Anfang April 1856, es sind nur etwa gut dreißig Kilometer, für die man eine halbe Stunde braucht. Windsor Castle erhebt sich über der Stadt Windsor auf einem Kreidefelsen am Ufer der Themse. »Gegen halb zwei in Windsor. Köstlich gelegen. Die Stufen zum Schloß hinan. Zuerst

auf den Schloßhof, dessen eine Seite die Königin bewohnt. [...] Die Staatszimmer sind sehr prächtig und die St.-Georgs-Halle von großen Dimensionen. Die Gemälde an den Wänden der verschiednen Zimmer sind großentheils interessant: Van Dyksche Porträts von Karl I., Marie Henriette, Lord Digby etc. [...] In Windsor selbst, in einer ächt-englischen, allerliebsten Kneipe ein lunch genommen. Um 3 1/2 auf dem Bahnhof die Königin und Prinz Albert gesehn; dieser etwas vergrämt, jene nicht hübsch aber glau und einnehmend«, notierte sich Fontane nach einem Besuch. Bereits Wilhelm der Eroberer legte die Festungsanlage an, aus der sich dann in den Jahrhunderten die größte bewohnte Schloßanlage der Welt entwickelte. Im Verlaufe der Zeit immer wieder umgebaut, bietet Windsor Castle prachtvolle Architektur, besonders kostbare Inneneinrichtungen und großartige Kunstschätze. Vor einigen Jahren – 1992 – wurden durch einen Großbrand wichtige Gebäudeteile zerstört, die Wiederherstellung ist aber weitgehend vollendet.

Eine Fahrt die Themse abwärts

An der Anlege- und Abfahrtsstelle der Themseschiffe am Westminster Pier kann man auch eine Fahrt themseabwärts zu den Docklands buchen. Unter der Waterloo-, der Blackfriars- und der London Bridge geht die Fahrt hindurch, an den Gebäudekomplexen des Nordufers vorbei, bis hinter der Tower Bridge das Gebiet der früheren Docks beginnt. »Unter ›Docks‹ versteht man im allgemeinen *die Häfen eines Hafens*: kleine abgezweigte Buchten oder auch gemauerte Bassins, in denen man die rückkehrenden Schiffe gleichsam beiseite nimmt, um sie zunächst auszuladen, und – wenn's not tut – auszubessern. Die London-Docks charakterisiert man am besten, wenn man sie *Fluß-Häfen* nennt. Sie verhalten sich zur Themse, mit der sie in unmittelbarer Verbindung stehen, wie große Privatgehöfte zu einer daran vorüberführenden allgemeinen Heerstraße. – Man unterscheidet Katharinen-, London-, Westindien- und Ostindien-Docks. Alle vier befinden sich am linken Themseufer [...] Die Ostindien-Docks sind, wie es schon der Name an die Hand gibt, die Ruhe- und Erholungsplätze für die großen Ostindienfahrer, die Heilanstalten, wo man die Hartmitgenommenen wieder flickt und bekupfert; auch Teer und Pech auf all die Wunden gießt, die ihnen das Sturmkap mit Wind und Wellen geschlagen.«

Das alles ist vorbei und vergangen, große Teile des Docksgeländes wurden in den letzten Jahrzehnten umgestaltet, und die ehrgeizigen Pläne, die noch bis in das nächste Jahrtausend reichen, werden sich nur zum Teil erfüllen lassen. Da, wo einstmals die riesigen Lagerhäuser für Wolle, Zucker, Gummi und Tee standen, erheben sich heute Geschäfts- und luxuriöse

Wohnhäuser im umstrittenen ›postmodernen‹ Stil, und die ehemaligen Dockbassins sind Liegeplätze für Yachten und Motorboote geworden.

Das Schiff fährt die große Flußschleife, die die Isle of Dogs umfaßt, entlang. Hier lagen einmal die ›West India Docks‹, die in den Jahren ab 1802 die heimkehrenden und beladenen Schiffe aufnahmen. Gegenüber am südlichen Ufer liegt Greenwich, dorthin führt ein weiterer Tunnel unter der Themse, der ›Greenwich Foot Tunnel‹, 370 Meter lang, der Anfang unseres Jahrhunderts für die Arbeiter aus Südlondon, die in den Docks arbeiteten, eröffnet wurde.

Als 1844 Fontane als Vierundzwanzigjähriger zum erstenmal für vierzehn Tage in London war, besuchte er auch Greenwich, war aber nicht sehr beeindruckt. »Der Park ist nicht besser und nicht schlechter als seine Vettern hierzulande. Die Sternwarte entsprach unsren Erwartungen nicht; wir hatten sie größer vermutet. [...] Dennoch verlohnte sich's der Mühe, den Hügel erklommen zu haben, auf dem die Sternwarte steht. Bei klarem Wetter hat man von hier aus eine treffliche Aussicht auf London; es soll an Schönheit mit dem Panorama wetteifern können, das sich von der St.-Pauls-Kirche aus vor einem ausbreitet. [...] Höchst interessant ist das Hospital und in der Tat großartig. Schon das Gebäude, wenn ich nicht irre ein ehemaliges Schloß, ist imponierend.« Durch das Old Royal Observatory, das Fontanes hochgestimmten Erwartungen nicht entsprach, läuft der ›Nullmeridian‹, der unsere Erde in eine westliche und östliche Hälfte teilt, und 1884 wurde die Greenwicher Zeit zur Grundlage der weltweiten Zeitmessung bestimmt. Neben der Sternwarte ist das ›Royal Naval College‹ Hauptanziehungspunkt von Greenwich. Es war lange Zeit das ›Royal Naval Hospital‹, eine Heimstatt für alte und verwundete Seeleute. Von Christopher

Wren entworfen, wurde über drei Jahrzehnte daran gebaut, erst 1729 war die Einweihung.

Wer will, kann man mit dem Schiff noch weiterfahren und bei der Rückfahrt sich vorstellen, wie anderthalb Jahrhunderte zuvor Fontane die Themse hinauffuhr bis London Bridge, denn damals legten die Schiffe vom Kontinent noch mitten in London an.

England

Brighton, Hastings und Waltham Abbey

> Die Klippe von *Hastings*, wohl war sie steil,
> Und das Meer, wohl hat es gebrandet,
> Vergebens die Brandung, vergebens der Stein,
> *Herzog Wilhelm ist gelandet.*

»Oft in den Träumen meiner Kindheit, hatt' ich die Kreideklippe gesehen, dran sich, laut Liedern und Sagen, das Rolandslied des Taillefer brach…« In England wollte sich Fontane den langgehegten Wunsch erfüllen, nach Hastings zu fahren, und er wählte dazu den Weg über Brighton und Lewes, zu seiner Zeit die bequemste Bahnverbindung.

»Brighton ist noch immer seit den Tagen der Regentschaft der fashionable Badeplatz der Aristokratie.« Heute ist es Englands größtes Seebad, Tummel- und Rummelplatz der Kurzurlauber, fast wie ein ›Vorort‹ von London. »Um die Schönheit Brightons ganz zu genießen, muß man ins Meer hinausfahren oder, wenn man die Wellenwiege und deren Folgen scheut, sich wenigstens an das äußere Geländer jener berühmten Hängebrücke lehnen, die unter dem Namen ›Brighton-Pier‹ viele hundert Schritte in die grünblaue See hinausläuft.« Später kamen neue ›Piers‹ hinzu, die alten wurden abgebrochen, und der Ende des vorigen Jahrhunderts eröffnete ›Palace Pier‹ gleicht einer Decksstraße mit Läden, Restaurants und Spielkasinos.

Von Brighton führte die Bahn weiter nach Lewes, das Fontane nichts Besonderes bot, heute weiß der Musikfreund, daß ganz in der Nähe, in Glyndebourne, eines der ungewöhnlichsten Opernhäuser liegt, welches 1934 mit der legendären Inszenierung von Mozarts *La Nozze de Figaro* durch Fritz

Busch eröffnet wurde, und in dem alljährlich in einer ebenso ungewohnten wie reizvollen Mischung von ländlicher Ungezwungenheit und festlicher Abendgarderobe Opernfestspiele zelebriert werden, die Weltruhm erlangten.

Wenige Kilometer südlich von Lewes liegt Rodmell mit dem Besitztum der Woolfs ›Monk's House‹. Hier lebte jahrzehntelang Virginia Woolf mit ihrem Mann Leonard, und hier setzte sie 1941 ihrem Leben ein Ende.

»Von Lewes aus läuft die Eisenbahn wieder südlich der Küste zu und berührt sie unterhalb Schloß Pevensey, genau an jener Stelle, wo Wilhelm der Eroberer aus seinem Boot ans Ufer sprang und mit der Hand in den Sand fallend, voll Geistesgegenwart jene berühmten Worte sprach: ›So fass' und ergreif' ich dich Engeland.‹« Von dort ist es nur noch eine kurze Strecke bis Hastings. »Brighton ist schön, aber Hastings ist schöner. In alten Zeiten war es der größte und reichste unter den sogenannten ›Fünf-Häfen‹. [...] Hastings wächst von Jahr zu Jahr und mit Recht, denn die englische Südküste hat keinen schöneren Punkt. Ein mächtiger, in den See vorspringender Fels teilt es in zwei Hälften [...] Die Sonne ging unter, als ich auf knirschendem Kiessand und rechts vom Schaume des Meeres bespritzt, an den letzten Ausläufern dieser Fischerstadt vorüberschritt.«

Doch Hastings war nicht der eigentliche Ort des berühmten Datums ›ten sixty-six‹ (1066), jener entscheidenden ›Battle of Hastings‹. Die wurde landeinwärts, etwa zehn Kilometer nördlich, geschlagen. »Mir schlug das Herz. Das romantische Land, wohin mich Sehnsucht und Phantasie so oft getragen hatten, – es sollte jetzt wahr und wirklich vor meine Sinne treten. – Der Zug hielt. Zu meiner Überraschung blitzte weder Kreideklippe noch brandendes Meer vor mir auf; nur grünes Hügelland dehnte sich nach rechts und links, so weit

das Auge reichte. Es war das Städtchen ›Battle‹, wo wir hiel-
ten. [...] Hier ward die Schlacht geschlagen, die ihren *Hastings*-Namen gewissermaßen mit Unrecht trägt. Der Kampf
(battle), der hier tobte, gab dem Städtchen seinen Namen.
[...] Das Städtchen selbst bietet nichts Besonderes dar, außer
seiner Abtei, ›Battle-Abbey‹ geheißen; dieser schritten wir zu.
Als die Waage der Schlacht hin und her schwankte und an
dem Trotz des Sachsenkönigs bereits der dritte Angriff ge-
scheitert war, warf sich Herzog Wilhelm aufs Knie und mit
lauter Stimme gelobend, eine Abtei zu bauen, *drin Wein wie
Wasser fließen solle*, falls Gott ihm Sieg verleihe, führte er
seine Truppen zum viertenmal gegen den feindlichen Verhau.
Der Sieger hielt Wort. Battle-Abbey wurde die reichste Abtei
des Landes.« Nach seiner Landung am 28. September 1066
war Herzog Wilhelm, der normannische Erbe des kinderlo-
sen Eduard, mit seinen etwa siebentausend Mann gegen die
Themse gezogen. Bei Battle fiel am 14. Oktober 1066 die Ent-
scheidung, der Sachsenkönig Harold fiel, ›William the Con-
queror‹ war Sieger.

Fontane fuhr zum ›battle-field‹: »Da lag es vor mir mit dem
ganzen Zauber einer englischen Landschaft. Drüben auf der
höchsten Spitze jenes Hügels hielt Herzog Wilhelm während
der Schlacht; jetzt schimmerte statt seiner Rüstung die weiße
sonnige Wand eines Bauernhofes herüber. Unmittelbar vor
mir zogen sich schmale Teiche nach beiden Seiten hin in das
Tal hinunter; von Zeit zu Zeit sprang ein Fisch, gelockt von
der Sonne, in den lachenden Tag hinein; nichts erinnerte mehr
an *jenen* Tag, wo hier das Blut in tieferen Lachen als das Wasser in jenen Gräben stand. Tiefer Friede ringsum; nur das
Glockenklingen weidender Kühe unterbrach die Stille.«

Aber Hastings, Battle und die Schlacht an der Südküste,
das war nur die eine Seite. Das, wovon »Sehnsucht und Phan-

Folgende Seiten: Battlefield 71

tasie« so oft gesprochen, was er schon »in den Träumen meiner Kindheit« gesehen hatte, das war die Erinnerung, als er »den Schritten jener gespenstisch-schönen Frau über das Leichenfeld gefolgt« war, von der die Heineschen Verse sprachen: »Es watete Edith Schwanenhals / Im Blute mit nackten Füßen; / Wie Pfeile aus ihrem stieren Aug' / Die forschenden Blicke schießen.«

Und diese andere Seite war Waltham Abbey. 1852, bei der zweiten Englandreise, hatte Fontane Hastings und das ›battle-field‹ besucht, erst 1856, an einem Julisonntag, fuhr er mit dem Bus nach Tottenham, dann mit der Bahn bis Waltham und ging zu Fuß bis zur Abbey. »Der Name Waltham-Abbey ist mit verwebt in das Trauerspiel des Hastingtages. Zu Waltham-Abbey spielt die letzte Szene des letzten Aktes. [...] Ich kannt' es lange, seit meinen Knabenjahren, wo ich mit großen Augen vom Hastingstage und dem Taillefer las, aber ich wußte nicht, daß diese Perle in unmittelbarer Nähe Londons liege.« Auch heute gehört Waltham Abbey nicht zu London, liegt aber ganz dicht am Nordrand und ist über eine Ausfahrt des nördlichen Autobahnringes (M 25) zu erreichen. »Wir gingen die Straße hinauf, den breiten, abgestutzten Turm der Abteikirche wie einen Führer vor uns. Ein kleines Tor in der Feldsteinmauer führte uns auf den Kirchhof, einen jener wunderbaren Plätze, deren Zauber uns aussöhnt mit dem Gedanken des Sterbenmüssens.« Die Abbey gehört zu den Orten, von denen Fontane schon früh wußte, die er später erlebte und nie wieder vergaß.

Während seines Jahrzehnts bei der ›Kreuz-Zeitung‹ schrieb er im November 1868 in der Beilage einen Beitrag über Hastings, beschrieb die Stadt, erzählte die historischen Begebenheiten, erwähnte das Reisebuch *Ein Sommer in London* und zitierte daraus. Als er drei Jahre später seine Erlebnisse der

Osterreise 1871 in Nordfrankreich in den beiden Bänden *Aus den Tagen der Occupation* beschrieb, erinnerte er sich beim Besuch der Kirche von Dieppe des Tages in der Waltham Abbey, vielleicht, weil er am andern Ufer des ›Kanals‹ stand. Zehn Jahre danach führte das Königliche Schauspielhaus ein Trauerspiel von Ernst von Wildenbruch auf, das eben jenen Harold zeigte, der in Hastings fiel. Trotz des Erfolges beim Publikum wandte sich Fontane in seiner Besprechung der Aufführung gegen den Autor: »Ich glaube nicht an die Figuren des Stücks, und ich glaube nicht an das, was sie tun…«, und er veröffentlichte in den Beilagen der ›Vossischen Zeitung‹ vom 18. und 21. Mai 1882 unter dem Titel *Hastings und Hastingsfeld* mit dem Zusatz ›Erinnerungen an England bei Gelegenheit von Ernst von Wildenbruch's Harold‹ den leicht bearbeiteten Text von ›Hastingsfeld‹ aus *Ein Sommer in London* und ›Waltham-Abbey‹, der zunächst nur in der Kreuz-Zeitung erschienen war.

1894 wurde in Berlin eine Kopie des berühmten ›Teppichs von Bayeux‹ ausgestellt, der 70 Meter lang und etwa 50 Zentimeter breit Szenen der Überfahrt Wilhelms des Eroberers schildert. Der mit Fontane befreundete Maler August von Heyden wies ihn auf diese Ausstellung hin, und Fontane bedankte sich: »Fast zwei Stunden lang habe ich mir den Hals verrenkt und unter Hervorsuchung meiner kümmerlichen Latinität den eingestickten historischen Kommentar gelesen. Ein Hundevergnügen. Aber es verlohnte sich.«

Aber das, was Waltham Abbey ihm eigentlich bedeutete, das läßt er 1898 Woldemar von Stechlin erzählen, als der von einem kurzen Besuch nach London zurückkehrt. »›Es liegt ganz in der Nähe von London und ist eine Nachmittagsfahrt, etwa wie wenn man das Mausoleum in Charlottenburg besucht oder das in der Potsdamer Friedenskirche.‹ – ›Hat es denn etwas von einem Mausoleum?‹ – ›Ja und nein. Der Denkstein fehlt, aber die ganze Kirche kann als ein Denkmal gelten.‹ – ›Als ein Denkmal für wen?‹ – ›Für König Harald.‹ – ›Für den, den Editha Schwanenhals auf dem Schlachtfelde von Hastings suchte?‹ – ›Für denselben.‹ – ›Ich habe während meiner Londoner Tage das Bild von Horace Vernet gesehn, das den Moment darstellt, wo die schöne Col de Cygne zwischen den Toten umherirrt. Und ich erinnre mich auch, daß zwei Mönche neben ihr herschritten. Aber weiter weiß ich nichts. Und am wenigsten weiß ich, was daraus wurde.‹ – ›Was daraus wurde – das ist eben der Schlußakt des Dramas. Und dieser Schlußakt heißt Waltham Abbey. Die Mönche, deren Sie sich erinnern und die da neben Editha herschritten, das waren Waltham-Abbey-Mönche, und als sie schließlich gefunden hatten, was sie suchten, legten sie den König auf dichtes Baumgezweig und trugen ihn den weiten Weg bis nach Waltham Abbey zurück. Und da begruben sie ihn.‹ – ›Und die Stätte, wo sie ihn begruben, die haben Sie besucht?‹ – ›Nein, nicht sein Grab; das existiert nicht. Man weiß nur, daß man ihn dort überhaupt begrub. Und als ich da, die Sonne ging eben unter, in einem uralten Lindengange stand, zwischen Grabsteinen links und rechts, und das Abendläuten von der Kirche her begann, da war es mir, als käme wieder der Zug mit den Mönchen den Lindengang herauf, und ich sah Editha und sah auch den König, trotzdem ihn die Zweige halb verdeckten.‹«

Hastings, Hastingsfeld und Waltham Abbey, sie alle liegen nah bei der Großstadt London, ein Besuch lohnt sich.

Oxford und Stratford-upon-Avon

»Ziemlich im Zentralpunkt des eigentlichen Englands, in jener fruchtbaren Ebene, wo Cherwell und Isis zusammenfließen, um dann als Themse, als Herzader Englands, ihren Lauf gen Osten fortzusetzen, dort wo Gruppen uralter Ulmen und Eichen das schöne englische Wiesenland unterbrechen und Hütten, Meiereien und lachende Landsitze sich an den Windungen der Wege und Straßen entlangziehen, erhebt sich *Oxford* mit seiner Masse gewaltiger Bauwerke plötzlich aus dem Boden, Bauwerke, die ihrem allgemeinen Charakter nach die Mitte halten zwischen Kloster und Palast. [...] Die horizontale Linie herrscht vor, und jene fünfzig akademischen Gebäude, ›Colleges‹ genannt, geben der Stadt äußerlich ihr Gepräge [...] Der Rest der Stadt, das *bürgerliche* Oxford verschwindet daneben.«

Im Hochsommer 1856 fuhr Fontane von Paddington aus mit dem Zug nach Oxford. Knapp drei Stunden brauchte er für den Weg, heute kommt man mit dem Wagen auf der M 40 schneller ans Ziel. Er folgte einer Einladung eines Freundes aus den Leipziger Tagen von 1841. Damals studierte Max Müller in Leipzig, ging mit dreiundzwanzig Jahren nach England und wurde bereits 1850 mit siebenundzwanzig Professor in Oxford. »Herzlicher Empfang. Zu Tisch. Alles reich u. nobel. [...] Gegen Abend erster Gang durch die Stadt. Broad Street u. High Street sehr schön, aber doch auszuhalten. Ungleich reizender die zweiten Höfe u. die parkartigen Gärten der Collegien.«

Man besucht das Exeter College. »Der stille Garten von Exeter-College, nach meinem Geschmack, der reizendste Platz in ganz Oxford. Die große Halle der, nach links hin, eine Grenz-Wand bildenden Bodleyanischen Bibliothek, diente unter Karl I. und II. als Versammlungsplatz der Parlamente.«

Oxford ist oft mit anderen Städten verglichen worden, Fontane erwähnt Nürnberg und Edinburgh. »Der Vergleich mit Nürnberg ist mir stets so unpassend wie nur möglich erschienen. Beide sind freilich mittelalterliche Städte, und die Gotik hat die eine wie die andere gebaut; aber Oxford ist vor allem eine Stadt von so entschieden *aristokratischem* Gepräge, daß die Stadt Hans Sachs', die *Bürger*stadt par excellence, nur die großen Familienzüge des Gotischen mit ihr gemein hat. [...] Oxford *wurde* gebaut, Nürnberg hat *sich* gebaut. Das Wesen zweier Nationen spricht sich in diesen beiden Städten aus: der äußere Reichtum hier, der innere dort; Glanz und Einförmigkeit auf der einen, Reiz und Mannigfaltigkeit auf der anderen Seite.« Der Vergleich mit Edinburgh geht auf eine Bemerkung Walter Scotts zurück, der trotz seines »schottischen Hyperpatriotismus« sich doch einmal hinreißen ließ, zu bemerken, »daß Edinburg die allerschönste Stadt der drei Königreiche sei, *wenn nicht vielleicht Oxford* ihm diesen Rang erfolgreich streitig mache.«

Um Oxford ist auch das Land der ›Schönen Rosamunde‹, in der Nähe liegt Woodstock und auch Godstowe, »wo ›die schöne Rosamund‹ nach einigen lebte und dann entführt wurde, nach anderen starb. Ruine, Epheu. Eine wilde Rose auf dem Trümmerwerk.«

Am letzten Tag fuhr Fontane über Leamington zunächst nach Warwick und Kenilworth, »ein köstlich Stück Land, das den Namen ›Herz von England‹ aus mehr als einem Grunde führt. Damals lag das eigentliche England noch nicht an den Küsten wie jetzt, es lag landeinwärts auf Hügelgrund, an Schluchten und Flüssen hin, am Rande der Wälder, in den

Folgende Seiten: Geburtshaus Shakespeares   79

Wäldern selbst. [...] Das war die Grafschaft jenes *Grafen Warwick*, des Königsmachers, des ›letzten der Barone‹; das endlich war die Grafschaft, drin Schloß Kenilworth lag, das schöne Leicester-Schloß, das von Lampen glühte, wenn der Herr des Schlosses seiner Herrin, der Königin, hier wunderbare Feste gab.« Und es war die Landschaft des berühmten, 1821 erschienenen Romans von Sir Walter Scott *Kenilworth*, an dessen Manuskript im Britischen Museum sich Fontane noch nach Jahrzehnten erinnerte. »... mitunter ist auf zehn, zwölf Seiten auch nicht ein Wort ausgestrichen, er beherrschte den Stoff, die Charaktere, den Gang der Handlung, die Sprache.«

Und die Fahrt führte weiter nach Stratford-upon-Avon. »... am Avon entlang, in der schönen Grafschaft Warwickshire, sind mir die Plätze zu Gesicht gekommen, die für immer mit dem Namen Shakespeare verknüpft, ja *durch* ihn erst Welt-Namen geworden sind.« Den Fluß entlang zeigte sich zuerst Charlecate House »rot und weiß, in jenem alten, anheimelnden Tudorstil; ein poetischer Friedenshauch liegt über Park und Schloß.« Noch eine Viertelstunde, dann fuhr der Wagen in Stratford ein. Der erste Weg ging zum Shakespeare-Haus. Es ist ein einfaches, schlichtes Haus. »Wenn etwas an diesem Zimmer imponiert, so ist es seine äußerste Schlichtheit. Freilich ein anderes noch, – die unverkennbare Wahrnehmung, daß wir uns hier an einer Pilgerstätte der ganzen gebildeten Welt befinden.«

»Stratford und seine Umgebung haben noch andre Shakespeare-Plätze: *Wilmecote*, wo Shakespeares Mutter, *Shottery*, wo seine Frau geboren wurde, endlich New-Place, jenes schön gelegene, halb ländliche [...] Besitztum, das Shakespeare während seiner letzten Lebensjahre inne hatte.«

Und schließlich Holy Trinity Church, die Kirche von Stratford, »ein schöner, mittelalterlicher Bau, durch sich selbst zu Andacht und Erhebung stimmend. Aber was sind diese Pfeiler, diese gotischen Linien an Decke und Fenster, verglichen mit jenem erhöhten Estrich vor dem Altar, in dessen Fliesen eingelassen drei Grabsteine den Namen Shakespeare tragen; *sein* Grabstein und neben ihm die Steine seiner Frau und seiner Tochter.«

Am Abend fuhr er wieder zurück nach London in seine Wohnung in der Guilford Street und erzählte am nächsten Tag, am Geburtstag von George, am 14. August, in einem Briefe seiner Frau von den Tagen in Oxford. »Von Oxford ist es nicht allzu weit bis *Warwick* (wo das schönste Schloß in England – Warwick-Castle – sich befindet), *Kenilworth* und *Stratford* am Avon. Ich benutzt' die Gelegenheit und machte die Tour. Es kostete 3 £ aber es war auch schön. Das Geld thut mir nicht leid, aber ich habe doch wieder eingesehn wie theuer alles Reisen ist...«

Schottland

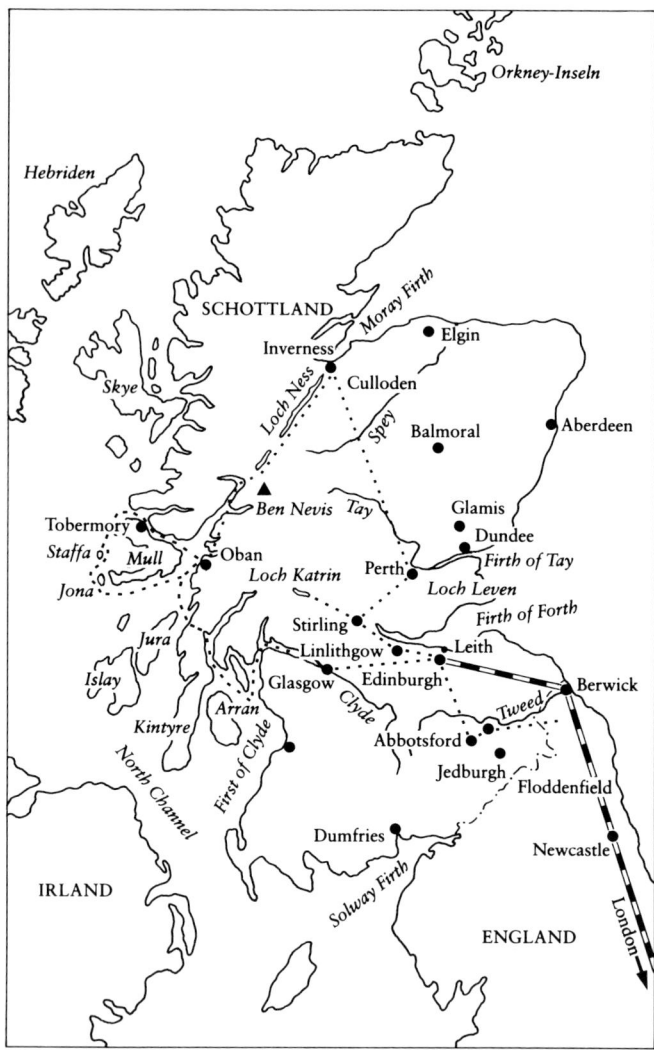

Edinburgh

Nicht nur England und London waren jahrelang das Ziel der Gedanken und Wünsche Fontanes, ein Ziel lag noch weiter nördlich, es hieß Schottland, vor allem aber Edinburgh. Schon im August 1851 hatte er dem Freunde Lepel anvertraut, daß er die Absicht habe, auf ein halbes Jahr nach Edinburgh zu gehen. Dann aber kam 1852 mit dem halbjährigen Aufenthalt in London und im Herbst 1855 die dritte Reise nach London.

Immer wieder plante er eine Fahrt in den Norden, kaufte sich Bücher über Schottland und reiste auf der Karte nach »Selkirk, Jedburgh, Kelso, Abbotsford und Melrose«. Doch erst im Sommer 1858 entschloß er sich, nach Schottland zu reisen und lud Lepel dazu ein: »Gieb die schottische Reise nicht auf, Du kannst sie so gut nicht wiedermachen.« Anfang August traf Lepel in London ein, und am Montag, dem 9. August 1858, fuhren beide am Abend von London ab. »›Nach Schottland also!‹ Die Koffer waren gepackt, die Billets gelöst, und als der Spätzug sich endlich in Bewegung setzte und majestätisch aus der Halle des Kings-Cross-Bahnhofs hinausglitt, überlief es mich ähnlich wie vierzehn Jahre früher, wo es zum ersten Male für mich hieß: ›Nach England!‹«

Auch heutzutage kann man mit dem berühmten ›10.00 pm‹ nach Aberdeen von Kings Cross abfahren, falls man nicht das Auto für die vierhundert Meilen über die M1 oder M6 bis Carlisle und danach weiter bis Edinburgh vorzieht oder das Flugzeug wählt.

Mitte des vorigen Jahrhunderts war Schottland bereits ein beliebtes touristisches Ziel. Noch Jahrzehnte zuvor, im letzten Drittel des achtzehnten Jahrhunderts, war der Norden ein kaum besuchtes Land, dann aber erschienen die Romane des bekanntesten schottischen Dichters, des 1771 in Edinburgh geborenen Sir Walter Scott.

Sein internationaler Erfolg war auch ein Erfolg für Schottland, das plötzlich nicht mehr als wilde und unwirtliche Gegend galt, sondern als romantisches und poetisches Land empfunden wurde. Die junge Queen Victoria war von Scott und Schottland begeistert, 1842 bereiste sie zusammen mit ihrem Prinzgemahl den Süden der Highlands, und 1848 erwarb sie das westlich von Aberdeen gelegene Balmoral House, um es zur Sommerresidenz auszubauen. Damit war Schottland gesellschaftsfähig geworden. Das sich schnell vergrößernde Verkehrsnetz begünstigte die wachsende Reiselust, und als 1850 die Royal Border Bridge bei Berwick über das Tweedtal von Robert Stephenson gebaut wurde, gab es eine durchgehende Verbindung London–Edinburgh.

»Die bekannten Bilder englischer Landschaft zogen an uns vorüber. Die Sonne war längst unter, auch das Abendrot schwand jetzt, und nur jenes zauberhafte, dunkle Blau lag noch in breiten Streifen am Himmel.« Der Zug fuhr über York, Newcastle-on-Tyne, langsam dämmerte der Morgen. »Villen und Parks, chaussierte Wege und Brücken, Häuser, Menschen und immer wachsender Verkehr verkünden uns, daß wir einer großen Stadt, einem Mittelpunkt weiter Bezirke uns nähern, und ehe wir noch Zeit gefunden haben, uns in dem immer bunter werdenden Bilde zurechtzufinden, läßt der Zug in seinem Fluge nach, und die 10 Stock hohen Steinhäuser Edinburgs tauchen grau und majestätisch vor uns auf.«

Der Zug fuhr in den zentral gelegenen Hauptbahnhof Edinburghs, Waverley Station genannt, ein, denn so haben die Edinburgher ihre Central Station nach dem Haupthelden des wohl bekanntesten Romans von Walter Scott *Waverly or 'tis sixty years since* genannt, der mit seinem Erscheinen 1814 europäischen Ruhm Scotts begründet hatte. Die Freunde fanden Unterkunft in einem Hotel am Waterloo Place, dann aber ging es in die Stadt. »Waterloo-Place und Princes-Street bilden eine einzige grade Linie, von der Edinburg in ähnlicher Weise durchschnitten wird wie etwa Paris von der Rue Rivoli. Die große Mittelader der schottischen Hauptstadt sondert sich gleich auf den ersten Blick in drei Teile von ziemlich gleicher Größe, in zwei Flügel und ein Zentrum. Der eine Flügel heißt Waterloo-Place, der andere West-Princes-Street; die halb boulevard-, halb platzartige Erweiterung aber, die zwischen beiden liegt, führt den Namen der eigentlichen Princes-Street.« Mitten in der Princes Street steht die Hommage der Stadt an ihren großen Sohn, »das im gotischen Stil ausgeführte, turmartige Monument Walter Scotts«. Von hier aus blickt man auf die einmalige Silhouette der Altstadt. »Aus grauem Felsen, der in malerischer Linie bergan steigt, wachsen graue, acht Stock hohe Felsenhäuser hoch in die Luft; phantastisch schnörkelt sich, einer silbernen Brautkrone gleich, der Turm von St. Giles über die Häuser empor, und gemeinschaftlich über dem Ganzen liegt jener leise, graue Nebelschleier, der den Zauber dieser nordischen Schönheitsstadt vollendet. Wenn dann vom Schloß herab, das auf höchster Felsenkuppe liegt, durch die hereinbrechende Dämmerung die Hornsignale in langen Tönen ziehen, beschleicht es uns, als ob das Ganze eine Märchenschöpfung sei, die ein Klang ins Dasein rief und die verschwinden muß, sobald der Ton verklingt.«

»Parallellaufend mit Princes-Street, zeigt die gegenüberliegende Altstadtstraße doch dadurch einen völlig verschiede-

Folgende Seiten: Edinburgh

nen Charakter von jener, daß sie nicht flach und gradlinig sich hin erstreckt, sondern dem natürlichen Zuge und selbst den Kapricen des Hügels folgend, auf dem sie steht, einen malerischen und abwechslungsreichen Anblick gewährt.«

Diese Straße, die vom Castle als High Street hinunterführt, als Canongate bis zum Palast von Holyrood, und die in ihrer Gesamtheit von gut anderthalb Kilometern auch ›Royal Mile‹ heißt, spazierten die Freunde entlang auf Holyrood Palace zu.

»Dieser so berühmt gewordene Palast liegt unmittelbar vor der Stadt in einem weiten, mehrfach geöffneten Talkessel, der von verschiedenen Hügeln, vom Calton-Hill im Norden, von den Salisbury-Crags im Osten und Süden und von dem hochgelegenen Alt-Edinburg im Westen, begrenzt und gebildet wird. Da, wo die letzten Häuser von Canongate ins Tal hinuntersteigen, erhebt sich, kaum durch die Breite eines Marktplatzes von ihnen getrennt und die von ihm liegende Hügelstraße hinaufblickend, der Palast von Holyrood.«

> Schloß Holyrood ist öd und still,
> Der Nachtwind nur durchpfeift es schrill,
> Es klirrt kein Sporn in Hof und Hall,
> Nur finstres Schweigen überall.

»Der Palast ist ein Viereck von mäßigen Proportionen, ziemlich niedrig, an den beiden hausartig vorspringenden Frontecken von je vier Spitztürmen flankiert; das Ganze ohne Stil, ohne Schönheit, ohne Stattlichkeit, aber doch nicht geradezu häßlich und unverkennbar mit jenen Zügen ausgestattet, die eine Physiognomie interessant machen. [...] Lange bevor es einen Holyrood-*Palace* gab, gab es eine Holyrood-*Abtei*. David I. von Schottland, der fromme Gründer der Abteien von Melrose und Kelso, gründete auch diese Abtei von Holyrood (um 1150), und erst 350 Jahre später begannen *neben* derselben sich jene schlichten Mauern und Türmchen zu erheben, die in ihrer damaligen äußerst begrenzten Ausdehnung kaum den Namen eines Palastes beanspruchen konnten.«

Hinter Holyroods Mauern lebte die achtzehnjährige Maria Stuart, 1561 aus Frankreich als Witwe Franz' II. zurückgekehrt, eine katholische Königin in einem protestantischen Land. Vier Jahre später heiratete sie ihren Vetter Lord Darnley. Voller Eifersucht auf Marias Sekretär David Riccio ließ Darnley diesen im März 1566 durch gedungene Verschwörer erstechen und in den Hof des Palastes werfen. Schon 1846 – zwölf Jahre vor seiner Schottland-Reise – hatte Fontane im ›Tunnel‹ seine Romanze *David Rizzio* vorgelesen:

> Es hält, die lange Nacht hindurch, Maria Totenwache,
> Zum ersten Mal durchzieht ihr Herz der heiße Wunsch
>   nach Rache;

Maria schenkte einem Sohn das Leben, der später einmal König von England und Schottland sein wird. Im Jahr darauf, im Februar 1567, fand man ihren Gemahl, Lord Darnley, erwürgt auf. Es blieb ein nie geklärter Königsmord. Maria heiratete noch in der Trauerzeit Lord Bothwell, der von vielen für den Mörder ihres Mannes gehalten wurde. »Sie war mit Schönheit geschlagen, und nicht mit Verstand gesegnet, und ihr Charakter war ihr Schicksal.«

Nach zwei Bränden wurde Holyrood nach Plänen des schottischen Architekten William Bruce, der sich später am Lochleven Kinross House baute, 1671 bis 1679 als erstes großes Beispiel im palladinischen Stil wieder aufgerichtet. Von Holyrood aus führt die ›Royal Mile‹ an den Häusern der Canongate vorbei, bis die Hochhäuser der High Street mit ihren

schmalen Durchgängen folgen. »Gleich das erste Haus, das wir zur Rechten haben, wo Canongate sich plötzlich in die breitere High-Street erweitert und dadurch eine Art Eckhaus bildet, ist ein Gebäude von hohem Interesse.« Es ist das Haus des streitbaren John Knox (1505-1572), des calvinistisch geprägten Reformators und großen Gegenspielers Maria Stuarts.

Im oberen Teil der High Street steht die Hauptkirche der Stadt, St. Giles, von dort sind es nur noch wenige Schritte bis zum Edinburgh Castle mit seinem einmaligen Rundblick über die Stadt: »Zur Rechten stehen der Calton-Hill und die Salisbury-Crags wie ein paar Wächter unmittelbar vor den Toren der Stadt, linkshin dehnt sich eine lachende Landschaft aus; [...] vor uns aber steigt die Neustadt mit ihren Plätzen und Palästen, mit ihren Kirchen und Statuen auf [...] An klaren Tagen wächst der Zauber dieses Bildes mit der Ausdehnung und dem Reichtum der Landschaft. Dann sehen wir [...] den blauen Wasserstreifen des Firth of Forth, die kleinen Felseninseln darin und blicken selbst über das blaue Band hinfort bis weit in die fruchtbaren und erinnerungsreichen Täler der Grafschaft Fife hinein.« Heutzutage bieten sich dem Besucher noch die beiden großen Brücken dar, die den Forth überspannen.

Einige Zimmer im Castle erinnern noch an Maria Stuart, vor allem eines, das nur ein Fenster hat. Aus diesem Fenster wurde ihr Sohn, kurz nach seiner Geburt, herabgelassen, damit er nicht den Gegnern Marias in die Hände fallen konnte. »Die Königin muß starke Nerven gehabt haben, daß sie nicht vor dem Gedanken erschrak, ihr Kind diese grauenhafte Luftreise machen zu lassen. Daß der junge Prinz sie glücklich machte und wohlbehalten unten ankam, mag nachträglich wie ein Zeichen gedeutet werden, daß er, im Gegensatz zu den Geschicken seiner Familie, in der von jeher ein früher und unnatürlicher Tod die Regel war, *bestimmt war, zu leben.*«

Im Edinburgh Castle hängt ein Porträt Marias, aber es bleibt unsicher, ob es authentisch ist. Fontane kannte zahlreiche Bildnisse der Königin, in der Kunstausstellung in Manchester im Frühjahr 1857 hatte er sieben gesehen, »meist Miniaturen nach den verschiedensten Ölbildern, nach vorgeblichen Orginalen, die zum Teil gar nicht mehr vorhanden sind«. Und damals in Manchester hatte er sich an einen Besuch in Hampton Court erinnert, wo er das seiner Meinung nach beste Bild gesehen hatte. Bei diesem Bild hatte er gespürt, »dort aus schlichtem Rahmen heraus schaut, als weine sie im tiefsten Herzen, das blasse Antlitz Maria Stuarts«. Den Eindruck hat er nie vergessen, fast ein Vierteljahrhundert später, in seinem Roman *Cécile*, meint Gordon, daß ihn Cécile an ein Bild erinnere. »An wen? Oder an welches Bild? Und er wiegte den Kopf, nachsinnend, hin und her. Endlich schien er es gefunden zu haben: Ja, das ist es. Ich habe mal ein Bild von Queen Mary gesehen [...] es war die schottische Königin, meine arme Landsmännin. Etwas Katholisches, etwas Glut und Frömmigkeit und etwas Schuldbewußtsein. Und zugleich Etwas im Blick, wie wenn die Schuld noch nicht zu Ende wäre. Ja, daran erinnert sie mich.«

Die Neustadt mit ihren Parallelstraßen zur Princes Street, die beide Freunde aus Zeitgründen nicht durchstreift hatten und die nun auch schon wieder über zweihundert Jahre alt ist, darf man nicht vergessen. Höhepunkt ist der westliche Endpunkt der George Street, der Charlotte Square: eine architektonische Meisterleistung der Brüder Robert und James Adam.

Ein oder zwei Tage reichen für Edinburgh, das zu Fontanes

Zeiten etwa 140 000 Einwohner hatte und heute bereits eine Halbmillionenstadt ist, nicht aus; die Stadt ist zu reich an Sehenswertem und -würdigem. Doch mit Fontanes Schilderungen gewinnt man einen guten ersten Eindruck.

Linlithgow

»Einer der reizendsten Punkte in der Umgegend von Edinburg ist Stadt und Schloß Linlithgow.« Etwa vierzig Kilometer westlich von Edinburgh liegt das Schloß der schottischen Könige in Linlithgow, von dem Sir Walter Scott im *Marmion* rühmt: »Of all the palaces so fair, / Built for the royal dwelling, / In Scotland, far beyond compare, / Linlithgow is excelling;…«, das Fontane übersetzte:

> Schottland hat Schlösser, Hof und Hall'
> Und Burgen und Paläste,
> Linlithgow aber schlägt sie all'
> Und ist das schönste, beste;…

»Maria Stuart wurde hier am 5. Dezember 1542 geboren [das richtige Datum ist der 8. Dezember]. Als ihr Vater (Jakob V.) auf seinem Todbette die Nachricht von ihrer Geburt empfing, murmelte er: ›Mit einem Mädchen kam unser Geschlecht und mit einem Mädchen wird es gehn.‹ Die düstere Prophezeiung traf nicht völlig ein; die Stuarts regierten noch 150 Jahre, und erst abermals 100 Jahre später erlosch das Geschlecht.«

Wenige Tage nach Marias Geburt starb ihr Vater James V. (1512-1542), und nun war sie die Königin Schottlands. Sechsjährig wurde sie nach Frankreich, der Heimat ihrer Mutter, Marie von Guise (1515-1560), gebracht und dort erzogen. Mit sechzehn Jahren ehelichte sie den Thronfolger, den späteren Franz II. (1544-1560), und war 1559 bis 1560 Königin von Frankreich. Nach Franz II. frühem Tod kehrte sie nach Schottland und Edinburgh zurück.

»Wenn das Sprichwort recht hat, das da sagt: ›Große Fenster schmücken das Haus‹, so ist der Palast von Linlithgow so

Folgende Seiten: Linlithgow

ungeschmückt wie möglich; die Fenster sind klein und nichtssagend, und es liegt kein wesentlicher Grund vor, warum man Anstand nehmen sollte, das Ganze für eine verräucherte chemische Fabrik oder für ein grau gewordenes Landarmenhaus zu halten. Aber es ist mit diesem Palast wie mit den Wohnungen orientalischer Völker; an die Stelle des neugierigen Fensters, das sich um das Draußen kümmert, tritt der verschwiegene Hof, drin die Schönheit nur sich selbst und dem Hause lebt. Das Innere von Linlithgow Palast läßt uns rasch vergessen, was der Außenseite fehlt. Ein tiefes, dunkles Portal durchschreitend, treten wir in den Schloßhof. Nach allen vier Seiten hin erhebt sich das Mauerwerk und umschließt einen Rasenplatz, in dessen Mitte sich abermals ein figurenreicher Brunnen befindet. Der Anblick muß etwas Zauberisches gehabt und an die maurischen Höfe Granadas erinnert haben, als hier das Wasser in monotoner Melodie noch niederplätscherte, wachthabende Hochländer um den Springbrunnen herum gelagert lagen und in ihre Tartan-Plaids gehüllt, die Mütze mit der Reiherfeder auf dem Kopf, die Sommernacht verschliefen und verplauderten.«

An der nordwestlichen Ecke des Schlosses erhebt sich der Margareten-Turm. »Die Aussicht von diesem Turm ist entzückend. Nach allen Seiten hin, aber sehr allmählich, hebt sich das Terrain; breite, goldgelbe Haferfelde steigen die Hügel hinauf und verdünnen sich landeinwärts zu immer schmaleren Streifen. Hier und dort Hecken und Baumgruppen, die sich in Nebel und Ferne verlieren. Nach Süden hin die Stadt, die sich ziemlich dicht an den Palast lehnt; unmittelbar vor uns aber ein kleiner, inselreicher See, der sich rechtwinklig, nach Nord und West hin, um die Fronten des alten Schlosses legt. Wir standen wie geblendet; einzelne Möwen flogen vor uns auf, und mit Gekreisch bald diese, bald jene Insel umschwebend, glänzte das Weiß ihrer Flügel wunderbar über dem Graublau des Wassers.«

Schon im *Archibald Douglas*, einer der bekanntesten Balladen Fontanes, die er 1854 im ›Tunnel‹ vorgetragen hatte, spielte Linlithgow eine Rolle. Der verbannte Archibald Douglas versuchte, seinen König James (IV.) an ihre gemeinsame Kinderzeit in Linlithgow zu erinnern. Lange sträubte sich der König, ihm zu verzeihen, schließlich nimmt er ihn in Gnaden wieder auf:

> Der ist in tiefster Seele treu,
> Wer die Heimat liebt wie du.
> Zu Roß, wir reiten nach Linlithgow
> Und du reitest an meiner Seit,
> Da wollen wir fischen und jagen froh
> Als wie in alter Zeit.

Und noch einmal dachte Fontane an das Schloß am Forth. Es war an der Atlantikküste, auf der Insel Oléron, auf der er im Winter 1870 ›kriegsgefangen‹ gehalten wurde. Am vorletzten Tag des November war er wieder frei und konnte die Insel verlassen. Er mußte auf das Schiff warten und schaute auf das Meer. »Das ganze Bild, so einfach es war, war eigentümlich und einschmeichlerisch, und dennoch empfand ich, das alles schon einmal gehabt zu haben. Ich sann hin und her. Da hatt' ich es. In Linlithgow, angesichts des Schlosses, drin Maria Stuart geboren wurde, hatte all' das schon einmal zu mir gesprochen. [...] Wenn es etwas geben konnte, den Zauber dieser Minute zu steigern, so war es *diese* Erinnerung.«

Stirling

Linlithgow ist die Hälfte des Weges bis Stirling, das man schnell auf der Autostraße erreichen kann, aber es gibt auch Schiffsverbindungen zwischen Edinburgh und Stirling. Fontane und Lepel wählten damals den Wasserweg und fühlten sich an heimatliche Landschaften erinnert. »Mit diesem Havelland [...] möcht' ich die Ufer des Forth vergleichen, die jetzt, während wir im Steamer den Fluß hinauffahren, mit Dörfern und Villen, Städten und Burgen, vor allem aber mit dem Klang berühmter Namen zu uns herübergrüßen.«

»*Stadt* Stirling liegt teils am Fuße, teils am Ostabhange jenes Felsenhügels, auf dessen höchster Spitze *Schloß* Stirling ragt. Die vom Hügel herabsteigenden Straßen und Gassen münden mehr oder minder senkrecht in die am Fuß des Hügels sich hinziehende High-Street ein. [...] Diese High-Street entspricht mutatis mutandis der Princes-Street von Edinburg, während das Gewirr der hügelansteigenden Straßen und Gassen in Erscheinung, Lage und Fülle historischer Rückerinnerungen an die Altstadt von Edinburg erinnert. Auch die Schloßhügel beider Städte sind in Höhe, Formation und Umgebung nahe verwandt, und ihre Linien unterscheiden sich nur insoweit, daß – um ein etwas kühnes, aber wie ich hoffe, bezeichnendes Bild zu gebrauchen – das Edinburger Schloß einem *liegenden*, das Stirlinger aber einem *sitzenden* Löwen gleicht.«

Fontane empfand das Panorama, das sich dem Besucher von Stirling Castle bot, eindrucksvoller als das von Edinburgh.

»Das schöne Bild, das sich einem vom Edinburger Schlosse aus bietet, zersplittert unsere Empfindung, statt sie auf einen

Punkt, nach einer Richtung hin zu konzentrieren. Das Gefühl, um dessen Erweckung es sich beim Besuche solcher und ähnlicher Plätze handelt, ist das *romantische*, und selbst der größte Philister, der in Holyrood oder Edinburg-Castle eintritt, bringt ein gewisses Maß von gutem Willen mit, sich auf fünf Minuten poetisch anregen, romantisch stimmen zu lassen. Er wird seinen Zweck erreichen, seinen kleinen Hausbedarf befriedigen und sich um die größere oder geringere Intensität dessen, was auf ihn wirkt, nicht lange sorgen und kümmern.« Doch wird der Betrachter vom Edinburgher Castle zu keinem ungeteilten Genuß kommen. »Sein Empfinden wird zu keiner Einheit kommen. Die Neustadt von Edinburg, die zu seinen Füßen liegt, die Säulen und Statuen, die zu ihm heraufblicken, die Omnibusse, die Princes-Street passieren, die Eisenbahnzüge, die landeinwärts, die Dampfboote, die stromaufwärts ziehen, alles das trägt einen fremd-modernen Klang in das alte Lied, [...] stimmt nicht völlig harmonisch in die alte Weise ein, die wir am liebsten in aller Reinheit und Simplizität vernehmen. *Diesen Klang gewährt uns Stirling-Castle ...«* So war es zu Fontanes Zeiten, heute muß man diese ›Simplizität‹ auch in Stirling suchen.

Stirling und Stirling Castle waren wegen seiner geographischen Lage immer eine Art Schlüsselpunkt gewesen, und Jahrhunderte konnte man nur über die Stirlinger Brücke den Forth überqueren. Zahlreiche Schlachtfelder – Fontane zählte vierzehn – in der unmittelbaren Nähe sprechen es aus. Heute ist Stirling das Einfallstor für die Touristen, die nach Schottland kommen, die Autozüge aus dem Süden haben hier ihren ersten Haltepunkt, andere fahren noch weiter hoch in den Norden bis Inverness.

Auch Stirling ist ›Maria-Stuart-Land‹, in der gotischen Kirche Holy Rude wurde sie im zarten Alter von neun Monaten

den Anschlägen auf sein Leben wie durch ein Wunder ent-
ging.«

»Perth ist alt und hat eine schöne Lage am Tay, der, ungefähr 1000 Fuß breit, der Längsseite der Stadt entlang fließt.
Die beiden Hauptstraßen, High-Street und South-Street laufen senkrecht auf den Fluß zu und sind in der Nähe desselben
nicht ohne malerischen Reiz. [...] hier, zwischen den beiden
Straßen, steht vor allem die alte, an historischen Erinnerungen überreiche Kirche von St. John, die, der landesüblichen
Ermordungen an Altar und Altarstufen zu geschweigen, vor
allem dadurch eine Berühmtheit erlangt hat, daß die schottischen Bilderstürmer (infolge einer John Knoxischen Predigt)
eben hier ihren Anfang nahmen. Kaum hundert Schritte von
der Kirche entfernt, da, wo High-Street auf den Flußkai aus-
mündet und einen baumbepflanzten Platz bildet, steht eine
Statue Walter Scotts, die die dankbare Stadt dem Dichter des
›Schönen Mädchens von Perth‹ errichtet hat. Was wüßte die
Welt von Perth, wenn jenes Buch Sir Walters ungeschrieben
geblieben wäre! Mit Rücksicht auf diesen Umstand hätte die
Statue wohl besser ausfallen dürfen; eigentlich ist nichts
hübsch an ihr als ihre Aufstellung.«

Die Freunde überquerten die Brücke, die den Tay bei Perth
überspannt und erstiegen den Kinnoullhügel. »Ziemlich er-
schöpft kamen wir oben an und nahmen auf einem großen
Steintisch Platz, dessen Sandsteinplatte ein paar hundert ein-
gekratzte Namen trug. [...] Das landschaftliche Bild, das sich
uns bot, war hübsch genug, ohne etwas Besonderes zu sein.
Das nach Norden hin liegende Macbethland entzog sich, wenigstens in seinen Einzelheiten, noch durchaus unserem
Auge, und wir waren auf die üblichen Führerversicherungen
angewiesen: ›Dort hinter jenem Hügel liegt Schloß Glamis,
dort Schloß Dunsinan.‹«

Folgende Seiten: Brücke am Tay 113

Fontane würde auch Dundee, fast am Ende des Firth gelegen, aufgesucht haben, hätte er ahnen können, was dort, einundzwanzig Jahre später, geschehen sollte.

Das englische Eisenbahnnetz wuchs in der zweiten Hälfte des Jahrhunderts von Jahr zu Jahr, war es 1850 etwa 10000, so zehn Jahre später bereits fast 17000 und 1880 etwa 29000 Kilometer lang. Seit 1860 plante man eine Brücke bei Dundee über den Tay, um den zeitraubenden Fährverkehr zu vermeiden und eine durchgehende Strecke von Edinburgh nach Aberdeen befahren zu können. Am 22. Juni 1871 wurde mit dem Bau begonnen, knapp zehn Jahre später, am 31. Mai 1878, wurde die damals mit 3000 Metern längste Brücke mit 85 Öffnungen, bei einem Gesamtkostenaufwand von 350000 Pfund, eingeweiht. Alles feierte das ›technische Wunderwerk‹, doch anderthalb Jahre darauf geschah das Unglück. In der Winternacht des 28. Dezember 1879 hielt die statisch fehlerhaft berechnete Brückenkonstruktion dem Druck der Winterstürme nicht stand, und der Edinburgher Zug wurde mit allen Fahrgästen in die Tiefe gerissen.

Fontane las in der ›Vossischen Zeitung‹ von dem Unglück und schrieb in Erinnerung an die Tage im ›Macbeth-Land‹ mit dem shakespeareschen Motto ›When shall we three meet again‹ seine so berühmt gewordene Ballade *Die Brück am Tay*:

> [...] Auf der Norderseite, das Brückenhaus –
> Alle Fenster sehen nach Süden aus,
> Und die Brücknersleut' ohne Rast und Ruh
> Und in Bangen sehen nach Süden zu;
> Denn wüthender wurde der Winde Spiel,
> Und jetzt, als ob Feuer vom Himmel fiel',
> Erglüht es in niederschießender Pracht
> Überm Wasser unten ... Und wieder ist Nacht. [...]

Hei! Wie Splitter brach es entzwei.
Tand, Tand,
Ist das Gebilde von Menschenhand.

In den ersten Januartagen des Jahres 1880 verfaßt, wurde das Gedicht Mitte Januar in ›Die Gegenwart‹ veröffentlicht. Nach einer Abendgesellschaft bei dem fast achtzigjährigen Generalfeldmarschall Helmuth Graf von Moltke, wo die Ballade mit großem Erfolg vorgetragen wurde, schrieb Fontane stolz an Mathilde von Rohr: »Es hat hier eine Art Sensation gemacht, vielleicht mehr als irgend was, was ich geschrieben habe. Sonntag über 14 Tage wird es Kahle [der Schauspieler] in einem Singakademie-Concert vortragen.«

Zehn Jahre später wurde eine neue Brücke gebaut, etwa zur selben Zeit, in der eine große Brückenkonstruktion den Firth of Forth bei Edinburgh überquerte, und damit die Reise vom ›Maria-Stuart-Land‹ in das Land des ›Macbeth‹ wesentlich verkürzt.

Von Perth nach Inverness

»Um von *Perth* nach Inverneß zu gelangen, kann man zwei Wege einschlagen, den einen über Forfar, Montrose und Aberdeen an der Küste entlang, den anderen quer durchs Land hindurch über den Kamm der Grampians. Wer Eile hat oder die Bequemlichkeit liebt, wird den ersteren Weg wählen, der, obschon ein Umweg von 10 deutschen Meilen, mittels der eben beendigten Eisenbahn in verhältnismäßig kurzer Zeit zurückgelegt werden kann; wer umgekehrt eine Strapaze nicht scheut, wenn sie nur Lohn und Ausbeute verspricht, wird das Dach der Stage-Coach erklettern, die zweimal wöchentlich zwischen Perth und Inverneß fährt. Touristen also, die etwas sehen und nicht bloß vorwärts kommen wollen, werden sich selbstverständlich des alten Kutschwagens bedienen, der montags und donnerstags auf dem Perther Marktplatz hält und den füllen und packen zu sehen, selbst schon zu den Vergnügungen dieser Reise gehört.«

Am Montag, dem 16. August 1858 gegen elf Uhr vormittags fuhren Fontane und Lepel bei glühender Hitze in Perth los. Die damalige Straße führt auch heute noch als ›A 9‹ durch die Grampians. In den ersten Jahrzehnten des 18. Jahrhunderts erhielt der englische General George Wade (1673-1748) den Auftrag, die Highlands durch ein Straßennetz zu erschließen und damit das schottische Hochland dem Verkehr zu öffnen. Ab 1724 schuf Wade ein gut geplantes Netz von befestigten Straßen und etwa vierzig Brücken, so daß man seinerzeit gern den Worten beistimmte: ›Had you seen these roads before they were made, / You would lift up your hands and bless General Wade.‹ Entlang der Straßenführung über die Grampians wurde Ende der sechziger Jahre die Eisenbahn-

strecke von Perth nach Inverness gebaut. Heute ist die ›A 9‹ die ›Traumstraße‹, die in den Norden Schottlands führt und auf allen Karten als landschaftlich besonders schön ausgewiesen wird. Man fährt auf ihr in wenigen Stunden bis Inverness, Fontane und Lepel hingegen benötigten damals gut fünfzehn Stunden.

Einer der ersten wichtigen Punkte ist »*Dunkeld*, ein alter Bischofssitz, etwa drei Meilen nördlich von Perth gelegen. Der breite, vom Tay durchflossene Talgrund, der sich zwischen beiden Städten ausdehnt, zählt mit zu den vorzüglichsten Schauplätzen schottischer Geschichte. Wir sind hier im eigentlichen *Macbeth-Land*, und während wir die Grafschaft Fife im Rücken, Schloß Glamis aber zur Seite lassen, fahren wir, unmittelbar am *Scone-Palace* vorbei, jenem Stückchen Erde zu, das durch die zwei Namen Birnam-Wald und Schloß Dunsinan eine Berühmtheit über die Welt erlangt hat.« Aus Zeitgründen wollten beide Freunde den Palast nicht besuchen, aber sie trösteten sich, daß der alte, aus den Tagen Shakespeares stammende Palast nicht mehr existierte, nur »der alte Stein, der hier einst lag und als Stuhl bei der Krönung schottischer Könige diente, ist nach London, wo er jetzt deutungsreich *unter* dem Sitz des englischen Thronsessels [in der Westminster Abbey] liegt.« Nur wenige Kilometer nördlich liegen Dunsinan House und Dunsinan Hill mit den Ruinen des Macbeth-Schlosses.

Bevor der Paß von Killiecrankie erreicht wird, fährt man an Pitlochry vorbei, damals noch ein unscheinbarer Ort, heute ein Touristenzentrum. Mitte des Jahrhunderts pries ein Arzt die vorzügliche Luft, danach begann ein Ausbau mit Hotels, Pensionen, Restaurants und der Infrastruktur eines modernen Ferienortes.

»Der Paß von *Killiecrankie* hat eine dreifache Bedeutung,

als Verbindungsstraße, als Punkt von hervorragender landschaftlicher Schönheit und drittens durch die blutige Schlacht, die hier am 27. Juli 1689 zwischen den Anhängern der Stuarts unter Claverhouse und den Truppen Wilhelms von Oranien geschlagen wurde. Das landschaftliche Bild, das der Paß bietet, erinnert sehr an die Trossachs. Diese haben den Ruf größerer Schönheit und werden jährlich von Tausenden um ihrer selbst willen besucht, während den Paß von Killiecrankie nur derjenige kennen lernt, den Neigung oder Geschäfte in den eigentlichen Norden Schottlands führen. Man passiert ihn, weil man ihn passieren *muß*; er ist Weg, nicht Ziel [...] Auch der blutige Kampf, der hier stattfand und von ungleich größerer Bedeutung war als ein halbes Dutzend Clanschlachten der Rinder und Schafe stehlenden MacGregors, sollte füglich diesem mehr nördlich gelegenen Punkte zugute kommen; aber die Schilderungen Walter Scotts, der es nun ein für allemal gut befand, den Schauplatz seiner Dichtung an die Ufer des Loch Katrine zu verlegen, haben ein für allemal zugunsten der Trossachs entschieden, und solange die ›Jungfrau vom See‹ begeisterte Verehrer an aller Welt Ecken und Enden haben wird, so lange wird auch der Killicrankie-Paß darauf Verzicht leisten müssen, die Rechte seiner Erstgeburt gegen den bevorzugten jüngeren Bruder geltend machen.«

»Kurze Zeit nachdem wir die Nordspitze des Killiecrankie-Passes passiert hatten, erreichten wir Blair Atholl, ein Dorf mit etwa 300 Einwohnern, das nichtsdestoweniger auf allen Karten mit großen Buchstaben verzeichnet ist. Wir nähern uns nämlich jetzt dem großen Berg- und Heideterritorium der Grampians, das, ein paar hundert Quadratmeilen groß, wie eine unwirtbare Fläche sich zwischen das fruchtbare Land des Tay- und des Moray-Busens hineinschiebt, und, wie wir bald sehen werden, von solcher absoluten Öde und Kahlheit ist, daß das an seinem Südrande gelegene Dörfchen Blair zu einer unbestrittenen Residenz dieser Gegenden wird.«

Weiter führte die Fahrt am Garry entlang bis zur Wasserscheide und danach begleitete der Spy die Reisenden bis nach Kingussie. »Hier in unmittelbarer Nähe, lebte auch James Macpherson, der Herausgeber des ›Ossian‹, für dessen völlige Echtheit oder völlige Unechtheit ein halbes Jahrhundert lang so viele kritische Lanzen gebrochen worden sind.« James Macpherson, 1736 in Ruthven, in der Nähe von Kingussie geboren, studierte Gälisch und veröffentlichte 1760 eine Studie über die frühe Poesie der Highlands, 1762 folgte ›Fingal, an ancient epic poem, in six books: Together with several other poems, composed by Ossian the son of Fingal‹. Zunächst vermutete niemand eine Fälschung, der *Ossian* wurde zum schottischen Homer erklärt, noch in Goethes *Leiden des jungen Werther* kann man etwas von der Begeisterung verspüren, die damals herrschte. Von dem Honorar des *Ossian* konnte sich Macpherson ein kleines Herrenhaus zwischen Kingussie und Aviemore errichten. Erst neun Jahre nach seinem Tod – 1805 – war erwiesen, daß er die ›Gesänge Ossians‹ als eine meisterliche Fälschung veröffentlicht hatte.

Seit dem frühen Morgen waren Fontane und Lepel unterwegs: »Es waren nun fast zwölf Stunden, daß wir im Englischen Hotel zu Perth unser Frühstück eingenommen hatten, und mit Ausnahme eines Stückchen oat-cake und eines Glases Toddy (Whisky und Wasser) war den ganzen Tag über nichts über unsere Lippen gekommen.« In später Nacht, »als die Mitternachtsnebel neben uns über die Heide zogen und der Kondukteur, der bemerkt haben mochte, daß es mit unsereinem nicht ganz richtig sei, mir vertraulich ins Ohr flüsterte: ›Look, Culloden-Moor‹, rafft’ ich mich auf, um mit poetischem Grauen auf das Blachfeld zu blicken, das neben uns lag. Dann wieder siegte die Müdigkeit, bis das Gerassel auf dem Straßenpflaster uns weckte und wir alsbald beim Schimmer zweier Gaslaternen die Worte lasen: ›Union-Hotel‹. Wir waren in Inverneß. Es war drei Uhr morgens.« Heute braucht man, selbst bei geruhsamer Fahrt, nur einen Bruchteil der Zeit, selbst dann, wenn man unterwegs die eine oder andere Pause einlegt. Die ›A 9‹, vorzüglich ausgebaut, ist eine wirkliche ›Traumstraße‹.

Inverness

Inverness ist Hauptort und Handelszentrum der Highlands und hat gegenwärtig etwa 35000 Einwohner. Die Stadt ist nördlicher Endpunkt des britischen Intercity-Netzes und vom Flughafen sind jederzeit schnelle Verbindungen zu den Hebriden und Orkneys möglich.

»Nach dem Frühstück machten wir zunächst einen Gang durch die Stadt. Man merkt hier allerdings, daß man sich im Hochland befindet. Zwar herrschen Frack und Überrock, Hose und Filzhut vor, aber die alte Hochlandstracht ist doch noch nicht insoweit aufgegeben, daß sie einem wie ein Kuriosum erschiene, wenn man ihr ausnahmsweise begegnet.« Nach der Schlacht im Culloden-Moor im April 1746 zerstörten die siegreichen Engländer die Stadt. Zweieinhalb Jahrzehnte danach besuchten Samuel Johnson und James Boswell die Stadt auf ihrer ›Tour to the Hebrides‹ und besichtigten die Reste des Schlosses, in dem Macbeth Duncan ermordet haben soll.

Der spätere Ausbau der Verkehrverbindungen in die Highlands hinein kam der Stadt zugute. »Inverneß ist überhaupt eine vorwärtskommende Stadt«, schrieb daher Fontane, »›a thriving town‹, wie die Engländer sagen, und weist so viel von Handel und Wandel auf, wie an nördlichster Stelle und bei so dünn gesäter Bevölkerung nur irgend erwartet werden kann. Etwas zu seiner Blüte hat wohl der Kaledonische Kanal beigetragen, der, bei Inverneß beginnend, mit Hilfe des Loch Neß und Loch Lochy, die Ostküste Schottlands mit der Westküste, also mit Glasgow verbindet. Dennoch haben sich die Erwartungen, die man an das Zustandekommen dieses Kanals knüpfte, nicht völlig erfüllt. Der von Osten kommende Handel hat an der englisch-schottischen Ostküste eine Menge anderer Häfen und Stapelplätze, die mindestens nicht schlechter gelegen sind als Inverneß und eine rasche *Eisenbahnverbindung* vor diesem voraus haben. [. . .] Nichtsdestoweniger ist Inverneß der bedeutendste Punkt im ganzen Norden von Schottland (Aberdeen wird dem *Osten* zugerechnet) und heißt mit Recht die Hauptstadt des Hochlandes.«

Dort wo das alte Macbeth-Schloß ehemals stand und wo es 1746 in die Luft gesprengt wurde, von diesem Schloßhügel bietet sich eine schöne Aussicht, »und doch wiederum noch anziehender und reizvoller, als sie schön ist. Ein romantischer Zauber liegt über dieser Landschaft, ein Zauber, gegen den sich auch der nicht verschließen kann, der keine Ahnung davon hat, daß jemals ein König Duncan lebte und ein Feldherr Macbeth, der ihn ermordete. Ein Ton stiller, rührender Klage durchklingt das Ganze, wie das Gefühl eines scheidenden Frühlings, eines kurzen Glücks. Fruchtbare Täler, in denen das Korn reift, dehnen sich in gelben Streifen nach Ost und West hin; aber die Fülle, der Segen ist nur ein Gast hier, ängstlich schüchtern, immer bereit, den eingebornen Gewalten das Feld zu räumen, dem Sturm und der Öde. Nur die hohen Berge, die von Norden her auf die Fruchtbarkeit herabblicken und unmittelbar vor uns die mächtigen Wasserflächen des Moray-Busens sind hier die Herren und Regierer und breiten sich aus mit der stattlichen Sicherheit des Zuhauseseins. Die Natur nördlicher Gegenden kommt über ein Herbstgefühl nicht hinaus. Es war mir, als müßten die Sommerfäden still und geschäftig an mir vorüberziehen.«

Culloden-Moor

»Von Inverneß führt eine alte Fahrstraße in fast ununterbrochen östlicher Richtung an der Küste entlang. [...] Wir verfolgen diese Straße nicht ihrer ganzen Länge nach, begnügen uns vielmehr mit einem Besuch von *Culloden-Moor*, jenem meilenlangen Blachfeld, das fast unmittelbar vor den Toren von Inverneß beginnend, von der oben genannten Fahrstraße durchschnitten wird. Culloden-Moor ist das berühmte Schlachtfeld, auf welchem die Stuarts, nachdem sie dreimal den Versuch ihrer Wiedererhebung gemacht hatten, endlich für immer unterlagen.«

Nach Elisabeths I. Tod im Jahre 1603 wurde James, Sohn ihrer Feindin Maria Stuart, legitimer König von England. Seit Jahrhunderten stellten die Stuarts die schottischen Könige, und James war dort der sechste seines Namens, für England war er James I. Ihm folgte sein Sohn Charles I., der während der puritanischen Revolution unter Oliver Cromwell Kopf und Thron verlor. Nach Cromwells Tod übernahmen die Stuarts mit Charles II., dem Sohn Charles' I., wieder die Herrschaft, doch 1688 wurde dessen Sohn James II. vom Thron vertrieben, und mit Wilhelm III. folgten zunächst die Oranier, bis schließlich die englische Königswürde an das Haus Hannover überging.

Mit ihrer Vertreibung hatten sich die Stuarts nie abgefunden. Schon 1715 versuchte der in Italien lebende James Edward, Sohn des 1688 geflüchteten Königs James II., von Frankreich aus eine Landung in Schottland, gab den Plan aber auf und ging nach Rom zurück. 1720 wurde sein Sohn Charles Edward geboren, der noch einmal versuchte, die Sache der Stuarts zu verfechten. Militärisch erzogen und gut aussehend, gelang es ihm, mit französischer Unterstützung, einen großen Teil der schottischen Clans für die Sache der Stuarts zu gewinnen, und am 2. August 1745 landete er auf Eriskay, einer Insel der Äußeren Hebriden. Mit einigen tausend Highlanders marschierte ›Bonnie Prince Charlie‹ oder der ›Chevalier‹, wie er allgemein genannt wurde, nach Süden. »Am 10. September zog er in Perth, am 19. in Edinburgh ein und schlug zwei Tage später die ihm entgegenrückenden Engländer auf der Ebene von Prestonpans. Ganz Schottland war Sieg und Jubel. Anfang November begann der Zug gegen England. Man nahm Carlisle und war bereits bis Leicester vorgedrungen, als Uneinigkeit und Eifersüchtelei zwischen den Clanen, besonders aber die Nachricht von der Rückkehr des Herzogs von Cumberland, der bis dahin mit den *besten* englischen Regimentern in Deutschland gestanden hatte, dem Siegeszug ein Ende machte und zur Umkehr zwang. Anfang Januar [1746] passierten Prince Charlie und seine Clane die schottische Grenze auf dem Rückwege. Gehoben durch die Vorstellung, wieder heimatlichen Boden unter den Füßen zu haben, fochten sie noch einmal siegreich auf dem alten Schlachtfelde von Falkirk, dann neigte sich ihr Stern, rascher und plötzlicher noch, als er aufgegangen war. Überlegene Streitkräfte schlossen sie ein, und durch die Grafschaften Perth und Inverneß hin ging es jetzt in eiliger Flucht. Auf Culloden-Moor machten sie einen letzten Stand.«

Am Morgen des 16. April 1746 begann der letzte Kampf – zwei junge Männer, beide Mitte Zwanzig, standen sich als Heerführer gegenüber. »So entspann sich die Schlacht. Der Ausgang derselben war von Anfang an wenig zweifelhaft; zwei Umstände aber vervollständigten die Niederlage der Hochländer. Zunächst das unerwartet frühzeitige Eintreffen des Herzogs von Cumberland, dann die Haltung der MacDonalds, die jede Teilnahme am Kampf ablehnten, weil ihnen die Ehrenstellung am rechten Flügel, die sie beanspruchten, versagt worden war. Dazu kam das Terrain, das flach und hart wie eine Tenne, der überlegenen englischen Reiterei alle nur möglichen Chancen bot. Alle Tapferkeit der einzelnen Clane war umsonst. In wenigen Stunden war die Niederlage vollendet. Gegen 800 Hochländer lagen tot auf der Heide. Die dem Norden angehörigen Clane flohen über Inverneß hinaus. [...] Die Niedermetzlung der einzelnen Clane begann nun und befleckte den Namen des Herzogs von Cumberland [...] Galgen und Rad räumten auf zwischen Aberdeen und Inverneß, und jene Klage wurde lebendig, der Robert Burns in seinem schönen Lied Ausdruck gegeben hat:

> Die schöne Maid von Inverneß,
> Wie freudlos ihr der Tag vergeht.
> Sie schafft und spinnt und webt, indes
> Ihr dunkles Aug' in Tränen steht
> Drumossie-Moor, Drumossie-Tag,
> O bittrer Tag, o blut'ges Moor,
> Wo kalt und starr mein Vater lag
> Und ich der Brüder drei verlor.
>
> Sie liegen tief in Sand und Blut,
> Im ersten Grün die Gräber stehn,
> Der beste Bursch daneben ruht,
> Den Mädchenaugen je gesehn.
> Welch Sieger dir, der nach der Schlacht
> Noch die Geschlagnen niedertrat,
> Du hast manch Herz betrübt gemacht,
> Das dir doch nichts zu Leide tat.«

Fontane hat diese Klageverse übersetzt und in alle Auflagen seiner *Gedichte* aufgenommen. Auf die Ergreifung von ›Bonnie Prince Charlie‹ war eine Prämie von 30 000 Pfund ausgesetzt worden, aber kein Schotte, kein Clan wollte sich dieses Schandgeld verdienen. Bis zu den Hebriden konnte der Prinz flüchten, dann schien alles verloren. Doch ein junges Mädchen, Flora MacDonald, half ihm. In Verkleidung gelangte er mit ihr nach Skye, von dort brachte ihn ein Schiff nach Frankreich, Flora aber wurde gefangen, verhaftet und nach London gebracht. Erst eine Amnestie ließ sie im folgenden Jahr nach Schottland zurückkehren. Sie wurde zur Legende, und wer damals nach Schottland reiste, versäumte nicht, sie aufzusuchen. 1790 starb sie, noch heute pilgern Hunderte zu ihrem Wohnhaus und ihrem Grab auf Skye. In Inverness wurde ihr ein Denkmal errichtet.

Prinz Charles Edward mußte ebenfalls bald Frankreich verlassen. Er ging nach Italien, lebte in Florenz und Rom und heiratete 1772 die dreiunddreißig Jahre jüngere Louise Marie von Stolberg-Gedern. Es wurde eine unglückliche Ehe, die kinderlos blieb, 1780 trennten sich die Eheleute. ›Bonnie Prince Charlie‹ ergab sich dem Alkohol und starb mit achtundsechzig Jahren. Im Petersdom steht seine von Canova geschaffene Büste im Cenotaph des Hauses Stuart. Anderthalb Jahrzehnte nach seiner Schottlandreise, im Spätherbst 1874, war Fontane mit Emilie in Rom, besuchte den Petersdom und stand vor dem Bildnis des Stuart-Prinzen. »Der Chevalier in Sankt Peters Dom, / Ich lieb ihn in lautem und stillen, / Ich lieb ihn in und außer Rom / Um seines Namens willen / Ich lieb ihn, weil er in leichtem Scherz / Des Lebens Ernst getragen…«, toastete er im Dezember zum Geburtstag des Freundes Zöllner, den alle ›Chevalier‹ nannten.

»Ich bin über viele Schlachtfelder gegangen, aber keines

hat einen so bestimmten Eindruck in mir zurückgelassen. Das macht, weil es ganz bestimmte Züge hat, die viel größeren und bedeutsameren Schlachtfeldern oftmals fehlen.« Fontane erinnerte sich seines Besuches auf dem Leipziger Schlachtfeld. »Es ist ein Feld wie andere Felder. Der Pflug ist über den Boden hingegangen und hat alles hinweggenommen, was sichtbar und handgreiflich an jenen blutigen Oktobertag erinnern könnte. Nicht so auf Culloden-Moor. Der Boden hat hier keinen Wert, und so ließ man das Schlachtfeld fortbestehen. Wo doch kein Kornhalm aufgegangen wäre, war es keine Enthaltsamkeit, sich an den Gräbern der Toten nicht zu vergreifen. Sonst stieg das Ackerfeld über das Schlachtfeld; hier aber ist der grüne Rasen des Grabes Sieger geblieben.« Zum Abschied kniete sich Fontane, »um einen vollen Ginsterbusch von dem Grabe der Frazers und einen Büschel Heidekraut von dem der MacPhersons zu pflücken. Es waren Zweige von jener großglockigen Erika-Art, die in Holstein den schönen Namen der ›Edelheide‹ führt. Aus beiden hab' ich seitdem einen Kranz gewunden, zur Erinnerung an *Culloden-Moor*.«

Der Kaledonische Kanal

»Mit Inverneß hatten wir den äußersten Punkt unseres Reiseziels erreicht. Die nördlicher gelegenen Grafschaften, Roßshire, Sutherland und Caithneß, entbehren keineswegs des Reizes landschaftlicher Schönheit, aber sie sind verhältnismäßig arm an Plätzen historischer Erinnerung oder romantischen Interesses und wiederholen selbst in landschaftlicher Beziehung nur jene Bilder, die wir zwischen dem Firth of Forth und dem Moray-Busen bereits kennengelernt haben.«

Am Mittwoch, dem 18. August 1858, fuhren Lepel und Fontane den ›Kaledonischen Kanal‹ vom nördlichsten Punkt nach Süden. Der Kanal, 1804 begonnen, benutzte die Trasse der natürlichen Seen – Loch Ness, Loch Oich und Loch Lochy –, die eigentlichen Kanalbauten betrugen daher nur etwa ein Drittel der Gesamtlänge von etwa 100 Kilometer. 1822 wurde der Kanal eröffnet und 1834 bis 1837 noch einmal erweitert. Die Baukosten betrugen die für die damalige Zeit riesige Summe von 1,25 Millionen Pfund. Der Höhenunterschied von fast 20 Meter wurde durch 29 Schleusen überwunden. Doch der wirtschaftliche Erfolg, den die wesentliche Verkürzung der Schiffahrtswege um die Nordspitze Schottlands bringen sollte, stellte sich nicht ein, und heute gehört der Kanal den Ausflugsdampfern und Privatbooten. Auf der A 82 kann man ihm in ganzer Länge mit dem Auto folgen.

»Auf diesem Kaledonischen Kanal traten wir jetzt unsere Rückreise an. Der Himmel hing voller grauer Wolken, und der leise herabstäubende Regen mischte sich mit dem Wasserstaub des Dampfrohrs, als wir an Bord gingen. Die Kajüte hätte Schutz gewährt, aber jeder zog es vor, auf Deck zu bleiben, um den Anblick der schönen Seeufer nicht zu versäumen,

Folgende Seiten: Kaledonischer Kanal 133

denen wir jetzt entgegenfuhren. In etwa einer halben Stunde erreichten wir Loch Neß. Er ist der längste, wenn auch freilich nicht der größte unter den schottischen Seen; der Loch Lomond übertrifft ihn an Breite und imposanter Erscheinung. Was aber den Loch Neß mehr denn alles andere unfähig macht, mit dem schönen Loch Lomond zu konkurrieren, das ist seine Monotonie; er ist überall derselbe, und die hohen bewaldeten Bergabhänge, die im Schmuck des frischesten und schattierungsreichsten Grüns prangen, hören auf von besonderem Interesse zu sein, wenn man sich zuletzt nicht verhehlen kann, daß jede neue Meile, die man macht, nur das Bild der eben zurückgelegten wiederholt.« Das ist heute ganz anders, den jetzt gibt es ›Nessie‹, das ›Ungeheuer von Loch Ness‹. Bereits im 6. Jahrhundert war schon einmal ein Fabeltier im Loch Ness erwähnt worden, dann aber in Vergessenheit geraten. Erst beim Ausbau der Autostraße am Rande des Sees, Anfang der dreißiger Jahre, wurde das Ungeheuer ›gesichtet‹ und auch fotografiert und gefilmt. Seit über sechs Jahrzehnten beschäftigt nun dieses ›Ungeheuer von Loch Ness‹ Reisende und Wissenschaftler, es gibt fast gleich viel Zeugnisse, die für seine Existenz, und solche, die dagegen sprechen. In Dumnadrochit wurde sogar eine ›Loch Ness Monster Exhibition‹ eröffnet, sie ist ein Muß für die jährlich Zehntausende von Besuchern. Loch Ness kann sich nicht mehr über die Monotonie beschweren, die ihm Fontane noch ausdrücklich bescheinigt hatte.

Die Dampferfahrt ging an Schloß Urquhart vorbei zum Foyer-Wasserfall. »Dieser Wasserfall, der wirklich schön und imposant ist, bildet den besten Teil nicht nur der Ufer des Loch Neß, sondern des Kaledonischen Kanals überhaupt.« Der Dampfer verließ bei Fort Augustus Loch Ness und steuerte dem nächsten See zu. »Loch Oich, der sehr klein ist, ist schnell passiert, und mit Hilfe von einigen Schleusen steigen wir jetzt in den Loch Lochy hinab. Dieser, etwa halb so groß wie der Loch Neß, gleicht dem letzteren in allem übrigen wie ein Ei dem andern. Schon von der Mitte des Sees aus gewahrt man den Ben Nevis, den höchsten Berg Schottlands in aller Deutlichkeit und hat nun auf drei, vier Stunden hin den ernst, massig und unwirtlich daliegenden Felsenkegel desselben als beständigen Begleiter. Von der Südwestspitze Loch Lochys bis zur nächsten Meeresbucht (deren der Atlantische Ozean hier unzählige bildet) ist noch eine Strecke von zehn englischen Meilen. Man passiert keinen See mehr, sondern nur die grade schmale Straße des Kanals, die durch eine ziemlich reizlose Landschaft läuft. Der Ben Nevis [1343 m hoch] muß eben alles tun und erinnert an die Dome dieser oder jener alten Stadt, denen auch die Aufgabe zufällt, alle Schönheit für Stadt und Umgebung bestreiten zu müssen. Am Ausfluß des Kanals in die Meeresbucht liegt Fort William, ein fester Platz, der zu ähnlichem Zweck erbaut wurde wie Fort Augustus. [...] Der Platz ist jetzt ungleich wichtiger als Hauptstationsort der Dampfschiffahrt zwischen Inverneß und den Häfen der Westküste als durch seine Befestigungen.«

Von Fort William ging die Fahrt in die Meeresbucht hinaus, das Wasser ließ schon den Atlantik spüren. »Als wir an Inseln und Vorgebirgen vorbei, wie durch einen Irrgarten, uns in die schöne Bucht von Oban hineinwanden, hing der Ball der Sonne rotglühend über dem Ozean. Wenige Minuten später legten wir an.«

Oban – Staffa – Iona

In Oban fanden beide Freunde nur mit Mühe eine Unterkunft. Wie damals, so ist es auch heute noch. Die kleine Stadt Oban mit ihren etwa 70 000 Einwohnern ist *der* Hafen für alle Touren zu den Hebriden, es gibt einen Bahnhof, Busstationen, Schiffsanlegestellen, sogar einen Helicopter-Flugplatz, dazu Hotels, Pensionen, Restaurants und Läden voller Souvenirs.

»Oban selbst zieht sich im Halbkreis an der Bucht entlang; unmittelbar im Rücken seiner weißen Häuser steigen bewaldete Felspartieen in die Luft, hier und dort mit Villen geschmückt oder von Schlössern überragt. Was aber dieser Bucht eine besondere Schönheit gibt, das ist nicht der Reiz und die Weitgespanntheit ihrer Ufer, sondern umgekehrt, der Blick von diesen Ufern aus aufs Meer. Zu der ewigen Schönheit des Ozeans gesellt sich hier ein so besonderer Reichtum von flachen Inseln und hohen Vorgebirgen, daß man zweifelhaft wird, wem denn eigentlich das Terrain gehört, dem Land oder dem Meer, und in den Bühnenraum eines Riesentheaters zu blicken glaubt, dessen ohnehin weit gedehnte Perspektive durch allerhand Seitenkulissen bis ins Unendliche zu wachsen scheint.« Eine Nacht blieben Fontane und Lepel in Oban, am anderen Morgen waren sie schon wieder an Bord eines Steamers, »der für diesen Tag einen seiner regelmäßigen Ausflüge nach Staffa und Iona vorhatte. [...] Die ersten Punkte von Interesse, die wir passieren, sind Dunolly-Castle und Dunstaffnage-Castle, zwei Schloßruinen in fast unmittelbarer Nähe von Oban selbst.« Das bedeutendere von beiden ist Dunstaffnage Castle. »Hier befand sich ursprünglich der schottische Krönungsstein, der später nach Scone und von dort aus, nach der Vereinigung beider Königreiche, nach Westminster Abbey geschafft wurde. Über den eigentlichen Ursprung dieses Steins existierten und existieren noch allerhand Sagen und Legenden. Jakob (wohlverstanden keiner der schottischen Könige, sondern der Sohn Isaaks) sollte darauf geschlafen und seinen Traum von der Himmelsleiter gehabt haben.« Der Steamer fuhr westwärts auf die Insel Mull zu, dann den Sound of Mull, eine schmale Wasserstraße zwischen Mull und Morvern, entlang. Die beiden Seiten waren »baum- und strauchlos, nur selten durch eine Kastellruine unterbrochen [...] Tobermory, ein Jahrmarktsflecken mit kaum 200 Einwohnern, bildet den Mittelpunkt aller Interessen. Wo jeder Weiler ein Dorf vertritt, wird ein Dorf zur Residenz.«

Das Schiff umrundete einen Teil der Insel und nahm dann südwärts Kurs auf Staffa. Um die Mittagsstunde ging der Steamer vor Anker, und mit Booten wurden die Besucher zur Insel gebracht. »Staffa ist kaum eine Viertelmeile lang, etwa 500 Schritt breit und 150 Fuß hoch. Das gibt eine Felsmasse, die auf der weiten Fläche des Ozeans so bescheiden daliegt wie ein Feldstein auf einem Ackerfeld, und wenn die Wellen an einem Sturmtage hoch gehen, muß Staffa kaum zu sehen sein. Als wir uns näherten, erkannten wir deutlich die drei Schichten, aus denen es sich aufbaut. Tuffstein, der die Fläche des Ozeans wenig überragt, bildet das Fundament; auf demselben erheben sich die sechzig Fuß hohen Basaltsäulen, die dann wiederum eine formlose Felsmasse als kompaktes Dach und auf demselben eine dünne Erdschicht tragen. Die schlanken Basaltsäulen würden an jeder anderen Stelle, auch wenn die Insel sonst nichts böte, ausreichend sein, sie zu einer Sehenswürdigkeit zu machen. Die Westinseln Schottlands aber weisen überall fast so großartige Basaltformationen auf, daß

Folgende Seiten: Oban 139

das Auge des Reisenden schnell die höchsten Ansprüche zu machen beginnt und entweder gewaltige Proportionen oder ein besonderes Maß an Schönheit verlangt. Diese Schönheit besitzt Staffa, aber nicht nach *außen* hin; es verbirgt sie in seinem Innern.«

Erst Mitte des 18. Jahrhunderts war Staffa ›wirklich‹ entdeckt worden. Zwar kannten Fischer schon lange die kleine Insel, aber erst Joseph Banks durchforschte sie im Sommer 1772 und sah die größte der Basalthöhlen, die den Namen ›Fingal's Cave‹ bei den Fischern trug. In der Zeit des ›Ossian-Fiebers‹ war sofort das romantische Interesse geweckt. Samuel Johnson und James Boswell fuhren hin, John Keats und William Wordsworth stiegen in die Höhlen. 1826 besuchte Karl Friedrich Schinkel das Eiland und drei Jahre später Felix Mendelssohn-Bartholdy, der danach seine berühmte ›Hebriden-Ouvertüre‹ komponierte. 1814 war Walter Scott auf einer Hebridenreise dort, und Ende der zwanziger Jahre sammelte hier William Turner Eindrücke für die Titelvignetten, die er für Scotts ›Poetical works‹ zeichnen sollte. 1832 zeigte er in London sein großes Gemälde ›Staffa. Fingal's cave‹. Höhepunkt für Staffa wurde der August des Jahres 1847: Königin Viktoria und Prinz Albert landeten auf der Insel und betraten die Höhle.

Auch Fontane und Lepel fuhren in die Höhle ein. »Wer London und die Westminsterabtei kennt, den wird der gotisch-phantastische Bau, den die Natur hier gebildet hat, immer wieder an die Kapelle Heinrichs VII. erinnern.« Die Trompen der berühmten Tudorkapelle hatten hier die Jahrtausende aus dem Stein gewaschen.

Dann mußte man an die Weiterfahrt denken. »Die wenigen Minuten, die uns noch blieben, reichten aus, um den Bergrücken der Insel zu erklettern. Die Aussicht bot nichts Besonderes [...] dann klang vom Schiff her die Glocke herüber, und wenige Minuten später stießen unsere Boote von dem basaltenen Molo des Wundereilands ab. Einige Enthusiasten schwenkten die Tücher. – Staffa lag hinter uns.«

Weiter ging die Schiffsreise nach der etwa zwei Meilen entfernten Insel Iona, die ebenfalls klein, aber dennoch wesentlich größer als Staffa ist. »Die Ufer sind flach, sandig, unfruchtbar und nur in der Mitte der Insel erheben sich paar kahle Felsen. [...] Nichtsdestoweniger steht diese Insel als eine gleichberechtigte Sehenswürdigkeit neben dem nahe gelegenen Schwestereiland. Was ihr Leben und Bedeutung gibt, das sind ihre geschichtlichen Traditionen, die hier in einem Maße auftreten, das überall Bewunderung erregen würde, doppelt aber an einem Orte, der, weitab von den letzten Stätten der Kultur, nur ein geeigneter Platz für Seeadler- und Mövennester zu sein scheint. Und doch war diese Stätte ein halbes Jahrtausend lang unter den heiligsten Plätzen des Landes der *heiligste*. Iona ist der Punkt, von wo aus, in der Mitte des sechsten Jahrhunderts, die Christianisierung des bis dahin heidnischen Schottlands erfolgte. Ums Jahr 560 verließ der Mönch Columba (gälisch: Callum oder Malcolm) mit zwölf Gefährten die irische Küste und segelte in einem offenen Boot nach Schottland hinüber.« Iona war und ist heiliger Boden, denn die Kirchhöfe der Insel wurden zur Grabstelle vieler schottischer, irischer und norwegischer Könige, und das Wort von Dr. Johnson – »Der Mann ist zu bedauern, dessen Vaterlandsliebe in der Ebene von Marathon nicht wächst und dessen Ehrfurcht in den Ruinen von Iona nicht größer wird« – steht zu Recht noch heute auf einer Bronzetafel der Insel.

Im Mittelalter verfielen viele der kirchlichen Bauten. In unserem Jahrhundert gründete sich eine ›Iona Community‹, die

versuchen wollte, auf freiwilliger Basis die Ruinen aufzubauen. Dann aber bot der Herzog von Argyll, dem die Insel
gehörte, das Eiland und einen dazugehörigen Baronstitel zum
Verkauf an. In letzter Minute verhinderte ein Londoner Ge-
schäftsmann den Verkauf der ›Heiligen Insel‹. Zur Zeit leben
noch knapp hundert Einwohner auf Iona, aber eine halbe
Million Besucher betreten jährlich ihr Ufer.

Rückkehr nach Oban und Edinburgh

»Noch am selben Abend kehrten wir nach Oban zurück [...]
Die Fahrt geht südlich und führt uns zurück wieder an der
Insel Mull und ihren Basaltformationen vorbei. [...] Nach
etwa zweistündiger Fahrt haben wir die Höhe der Insel Jura
erreicht und biegen nun scharf östlich ein, um den Crinan-
kanal zu erreichen, der die lange Halbinsel Cantire an ihrem
Oberende durchschneidet.«

Auf der Westseite des Kanals legte der Oban-Steamer an,
Fontane und Lepel mußten in ein Kanalboot umsteigen, das
sie bis zum Glasgow-Steamer brachte. »Die Fahrt geht von
Lochgilphead aus wieder südlich, abwechselnd an flachen
und felsigen Ufern vorbei. [...] Von Rothesay an (die schöne
Insel Arran zur Rechten) wächst der Verkehr von Minute zu
Minute, bis wir Greenock erreichen, den Hafen Glasgows an
der Mündung des Clyde. [...] Diese Fahrt den Clydefluß hinauf gleicht einer Themsefahrt von Gravesend bis London,
und wenn man auch der Themse und ihren Ufern freilich eine
größere Wichtigkeit zugestehen muß, so haben die Ufer des
Clyde die größere Schönheit voraus.«

Der Steamer hielt in Bowling, dem Hauptort für alle Reisenden, die den Loch Lomond besuchen wollten. »Der Loch
Lomond ist der Nachbar des Loch Katrine. So befanden
wir uns denn nach Verlauf von wenigen Wochen wieder an
der alten Stelle, d.h. in jenem vielbesungenem MacGregor-
Lande, das wir von Stirling aus bereist hatten. [...] Der Loch
Lomond ist eine schöne, noble Wasserfläche, und es kommt
ihm zu, daß er ›der König der Seen‹ heißt. Dies ist jedoch mehr
sein Ehrentitel als sein Name, die eigentliche Bedeutung von
Loch Lomond ist ›der *inselreiche* See‹. Er ist groß und wasser-

reich, und die Inseln schwimmen auf ihm wie große Nymphäenblätter. Selbst die Berge an seinen Ufern scheinen ihn nicht gebieterisch einzudämmen, sondern gleichen Satelliten, die ihn umstehen und begleiten. Die Stellung dieser schönen Berge, die sich bis 3000 Fuß hoch erheben, ist nämlich derart, daß man immer in ihrem Kreistanze bleibt und sie jederzeit um sich hat wie den Mond, wenn man in einer klaren Nacht meilenweit durch die Felder fährt. Nach etwa zwei Stunden hatten wir die Spitze des Sees erreicht.« Heute kann man von Oban auch mit dem Wagen nach Glasgow beziehungsweise Edinburgh fahren. Man erreicht dann die Nordspitze des Loch Lomond, des größten Binnensees in Großbritannien, der knapp 34 Kilometer lang und teilweise 7 Kilometer breit ist. Am Westufer führt die A 28, eine landschaftlich schöne, aber vielbefahrene Straße entlang.

Fontane und Lepel fuhren nicht weiter zum Loch Katrine, den sie ja bereits kannten, sondern blieben in der Nähe des Sees. »Gegen sieben Uhr waren wir wieder in Balloch, am Südufer des Sees. Eine Stunde später führte uns ein Schnellzug zunächst nach Bowling, dann ostwärts mit wachsender Raschheit nach Glasgow. Die Sonne war längst unter, als wir uns der reichen Hauptstadt des schottischen Westens näherten, aber die dunklen Häusermassen traten doch noch deutlich aus dem grauen Abendschimmer hervor. Die Frage entstand: bleiben oder nicht?« Die Freunde entschlossen sich zur schnellen Weiterfahrt. Glasgow ist Schottlands größte Stadt mit fast einer Million Einwohner. Die große Zeit der Werften und Reedereien, des Zucker- und Tabakhandels ist zwar vorbei, aber ein Besuch der Stadt lohnt sich dennoch, und sei es nur, um die weltberühmte ›Burrell Collection‹ aufzusuchen, die der Reeder Sir William Burrell seiner Heimatstadt hinterlassen hat, und die 1983 im Pollok Country Park, nur wenige Kilometer vom Stadtzentrum entfernt, eröffnet wurde.

»Von einer Seite des Bahnhofs eilten wir rasch nach der andern hinüber, wo der Edinburger Zug bereits ungeduldig wartete und seine Ungeduld durch Murren und Zischen zu erkennen gab, dann ein lang anhaltender Pfiff, und an Falkirk und seinen Schlachtfeldern vorbei, ohne Gruß für Linlithgow, das wie ein Schattenbild neben uns verschwand, bogen wir nach kaum einstündiger Fahrt um den Schloßfelsen Edinburgs herum und sahen seine Häuser rechts und links emporsteigen, phantastisch nebelhaft wie immer, eine Wolkenstadt, aus der die Lichter blitzten.«

Edinburgh hatte sie wieder, die Fahrt durch das Hochland und zu den Inseln der Westküste war vorbei, aber in der unmittelbaren Nähe Edinburghs warteten noch Plätze, deren Schönheit und Zauber beide nicht missen wollten.

Lochleven Castle

»Lochleven-Castle, mit alleiniger Ausnahme von Holyrood-Palace, steht obenan unter den schottischen Schlössern, die, mit in die Geschichte Maria Stuarts verwebt, durch eben diese Verwebung auch ihrerseits berühmt geworden sind. Im Schlosse von Lochleven saß die schöne Königin fast ein Jahr lang gefangen, jenes letzte Jahr auf schottischem Grund und Boden, das ihrer unheilvollen Flucht nach England vorausging. Was zur Auflehnung des schottischen Adels gegen die Königin und schließlich zu ihrer Gefangensetzung in Lochleven führte, war bekanntlich ihre Verheiratung mit Bothwell. An der Spitze der Unzufriedenen stand ihr Halbbruder, der Graf von Murray [Earl of Moray]. Bei Carberry-Hill stießen die feindlichen Parteien aufeinander; Bothwell, auf die Anklage hin, ›der Mörder Darnleys‹ zu sein, wurde zum Zweikampf gefordert, lehnte aber schimpflich ab und floh; mit ihm das Heer der Königin. Diese selbst überlieferte sich den Siegern und wurde als Gefangene nach dem der Douglas-Familie zugehörigen Schloß von Lochleven gebracht.« Die Geschichte dieser Gefangenschaft kannte Fontane aus dem 1820 erschienenen Roman Sir Walter Scotts *The Abbot* (Der Abt), und für ihn stand fest: »Dies Schloß von Lochleven zu sehen, war seit vielen Jahren mein Wunsch gewesen, und ich hätte Edinburg nicht verlassen mögen, ohne zuvor einen Ausflug nach diesem reizenden Punkt gemacht zu haben.«

Am Montag, dem 23. August 1858, brachen beide Freunde in der Frühe auf und benutzten die neue, soeben eröffnete Eisenbahnverbindung Edinburgh–Perth–Dundee, die über Kinross führte. »Wenn es schon ein Glück war, die ersten zu sein, die auf einer bis dahin ziemlich beschwerlichen Tour die eben eröffnete Eisenbahn benützen zu können, so war dies günstige Ungefähr doch nur das Zeichen, das Vorspiel eines glücklichen Tages. Wer kennt nicht die Stimmung, die uns beschleicht, wenn wir zur Sommerszeit am Abhange eines Waldes ausruhen, hinausblicken auf eine sonnenbeschienene Wiese, hinaufblicken in den Himmel, daran dünne Wolken ziehen, und aus Wald und Feld her rätselhafte Laute vernehmen, als spräche die Natur? Ein Träumen kommt über uns; wir denken nichts Bestimmtes, wir fühlen nichts Bestimmtes, aber die süße Gewohnheit des Daseins zieht wie mit doppelter Süße durch unser Herz. Diese Stimmung war es, die mich den Tag über begleitete; die Klänge eines alten Liedes schmeichelten sich in mein Ohr.

> Die Fackeln längst erloschen, deren Glut
> Lichtfurchen zog auf dieses Sees Flut;
> Das Leben längst erloschen, hin der Klang,
> Der hier im Echo von den Mauern sprang;
> Die Mauern selbst zerbröckelt, öd der Turm
> Und im Kamine heimisch nur der Sturm.«

Das waren Verse des schottischen Dichters Michael Bruce (1746-1767), deren freie Übertragung Fontane später auch in seine *Gedichte* übernahm.

Die Fahrt ging von Edinburgh zunächst bis Leith, von dort, damals noch, mit der Fähre über den Forth nach North-Queens-Ferry, weiter mit der Bahn über Dunfermline bis nach Kinross. Heute kann man über die Forthbrücke und dann auf der M 90 Kinross in kurzer Zeit errreichen.

»Kinroß ist eine anspruchslose kleine Stadt, unmittelbar am See gelegen. Ihr Reiz besteht in ihrer Stille und Abgeschiedenheit, worin sie's dem stillen Linlithgow noch zuvortut. Kein königlicher Palast, kein figurenreicher Brunnen geben dem

Orte Bedeutung; er hat nur seinen See, seine Lachsforellen und sein zerfallenes Schloß. [...] Im Salutation-Inn stiegen wir ab, was ungefähr sagen will, im Gathof zum freundlichen Gruß. Die lachende Wirtin blieb hinter dem Versprechen ihres Hauses nicht zurück, und nachdem wir ein Mittagbrot von Lachsforellen bestellt hatten, die dem Leven-See eigentümlich sind, und von jedem gegessen werden müssen, der Kinroß besucht, brachen wir auf...« Noch Jahrzehnte später erinnerte sich Fontane an dieses Mahl, und in *Cécile* preist der aus Schottland stammende Gordon bei Tisch im Harzer Hotel Zehnpfund als schönste Forellen, die er kennt, die »Lachsforellen aus dem Kinross-See. Maria Stuart saß da gefangen, in einem alten Douglas-Schlosse mitten im See, und wenn sie während dieser Gefangenschaftstage, neben der Liebe von Willy Douglas, eines beiläufig illegitimen, also doppelt verführerischen Sohnes des Hauses, irgend etwas getröstet haben kann, so müssen es die Lachsforellen gewesen sein.«

Hier im Schloß im Leven-See saß die schottische Königin gefangen, und zwei irrwitzige Jahre zogen an ihr vorbei: im Sommer 1565 die Hochzeit mit Darnley, im März 1566 die Ermordung ihres Sekretärs Rizzio, am 9. Juni 1566 die Geburt des Thronfolgers James, dann 1567, im Februar, der Tod Darnleys, Freispruch des vermeintlichen Mörders, des Earl of Bothwell, und bereits im Mai die Vermählung mit ihm, da sie sich schwanger fühlt. Endlich der letzte Kampf, ihre Gefangennahme, und nun Lochleven. Die Monate vergingen, sie mußte ihre Abdankung unterzeichnen, sie erlitt eine Fehlgeburt. Dann ein erster Fluchtversuch, der scheiterte, aber einige Monate später, am 2. Mai 1568, gelang er. Das Boot erreichte das Ufer in der Nähe von Kinross, dort warteten bereits die Retter mit Pferden, und ehe die Verfolger das Ufer erreichen konnten, war Maria auf und davon.

Nach einer guten Woche kam es bei Langside – heute Vorort von Glasgow – zum letzten, entscheidenden Kampf, den Maria verlor. Nur noch die Flucht über den Solway Forth nach Carlisle blieb und die Hoffnung, daß Elisabeth helfen würde. Doch das war Trug. Fast zwei Jahrzehnte lebte Maria als Gefangene in England, wurde von Schloß zu Schloß gebracht, bis endlich, am 8. Februar 1587, die nun Vierundvierzigjährige in Fotheringhay hingerichtet wurde. Anders als im Epilog von Shakespeares *The Tempest*, wo es heißt: »And my ending is despair« [Mein Ende ist Verzweiflung], hatte Maria einmal »En ma fin est mon commencement« [Mein Ende ist mein Beginnen] auf einen Schal gestickt, und sie behielt recht, ihr Tod wurde ihr Ruhm. Bücher und Dramen über ihr Schicksal erschienen. Mitte Juni 1800 wurde im Weimarer Hoftheater Schillers *Maria Stuart* uraufgeführt, und 1820 wollte Scott mit seinem Roman *Der Abt* das Andenken an die schottische Königin wieder wecken, an »jene Königin, die durch ihren Geist, ihre Schönheit, ihr Mißgeschick und durch das Geheimnis, das noch immer und wahrscheinlich auch für immer ihre Geschichte beherrscht, so fesselnd ist«.

Beide Freunde fuhren zur Insel. »Wir kamen von der Stadt Kinroß, die am Ufer des Leven-Sees liegt, und ruderten der Insel zu. Unser Boot legte an derselben Stelle an, an der das Boot der Königin in jener Nacht gelegen hatte, wir schritten über den Hof hin, langsam, als suchten wir noch die Fußspuren in dem hochaufgeschossenen Grase und lehnten uns dann über die Brüstung … […] Dann umfuhren wir die Insel und lenkten unser Boot nach Kinroß zurück, aber das Auge mochte sich nicht trennen von der Insel, auf deren Trümmergrau die Nachmittagsonne und eine wehmüthig-unnennbare Stille lag.« Noch am selben Abend fuhren Fontane und Lepel mit der Bahn nach Edinburgh zurück.

Folgende Seiten: Loch Leven 153

Wer heute den See, das Städtchen und Lochleven Castle besucht, wird sich fragen, warum Fontane das schöne Herrenhaus am Ufer, Kinross House, eine Perle unter den Herrenhäusern Schottlands, nicht erwähnt hat. Gesehen muß er es haben, wenn man auch nicht weiß, wie zu Fontanes Zeit die Uferpartie aussah, die heute, völlig frei, den Blick auf Kinross House erlaubt. Wahrscheinlich wollte Fontane bei seiner Schilderung in der Maria-Stuart-Zeit bleiben, und zu deren Zeit gab es Kinross House noch nicht. Erst hundert Jahre nach dem Tag von Fotheringhay wurde es von dem Stuart-Anhänger William Bruce (1630-1710) erbaut, der als königlicher Bauinspektor und Hofbaumeister Schottlands unter Charles II. den Wiederaufbau und die Erweiterung Holyroods geplant hatte. Dann erwarb er Land am Loch Leven und baute sich dort ab 1685 nach dem Vorbild des südöstlich von Paris gelegenen Schlosses Vaux-le-Vicomte des französischen Baumeisters Louis Le Vau (1612-1670), das er während seines Aufenthaltes in Frankreich gesehen hatte, Kinross House als zweigeschossiges Herrenhaus im palladinischen Stil, von dem Daniel Defoe dann sagte, es wäre »eine der schönsten und ausgewogensten Architekturleistungen Schottlands«. Der den Stuarts ergebene William Bruce ließ die Achse seines Gartens vom Kinross House direkt auf den See und hinüber nach Lochleven Castle weisen, doch die Einrichtung seines Hauses konnte er nicht mehr vollenden, denn 1688 wurden die Stuarts gestürzt, und unter dem Oranier William III. kam Bruce als ›Stuart-Sympathisant‹ mehrmals ins Gefängnis. Für lange Zeit blieb Kinross House unbewohnt, der Garten ungepflegt, noch zu Fontanes Zeiten war es eine leere und wüste Stätte. Und als er im Vorwort zu den *Wanderungen* davon sprach, daß sich ihm am Lochleven-See das Schloß im schottischen See mit einem anderen am Grienerick-See, mit dem Rheinsberger Schloß, verwoben habe, spricht er vom Castle auf der Insel. War es aber vielleicht doch Kinross House mit seiner beherrschenden Fassade am Ufer gewesen, das die Erinnerung an den Knobelsdorff-Bau emporsteigen ließ?

Der Tag am Loch Leven war einer der Höhepunkte seiner Schottlandreise, aber das, was Fontane darüber berichtete, hatte ein besonderes Schicksal. Ein erster Druck erschien in der Wiener Zeitung ›Die Presse‹, doch als der Verleger Julius Springer das Manuskript für die Buchausgabe übernahm, stellte sich heraus, daß ›Lochleven‹ nicht aufzufinden war, und Fontane mußte dem Verlag schreiben: »Ich fürchte fast daß das M. S. verloren gegangen ist, was mir sehr leid thun würde, da jener Reisetag einer der schönsten für mich war. Er würde mir im Buche fehlen, wie ein lieber alter Freund in einer Gesellschaft. Vielleicht läßt sich's noch beschaffen.« Das war jedoch nicht möglich, und so erschien die erste Ausgabe von *Jenseit des Tweed* ohne das Kapitel ›Lochleven-Castle‹. Erst in der Neuausgabe von 1900 wurde es an der Stelle eingefügt, die Fontane ihm bestimmt hatte.

Noch dreißig Jahre nach den schottischen Reisetagen, als Mathilde von Rohr, nach Lepels Tod, Fontane des Freundes Silberstiftzeichnungen von der Reise übergab, dankte er ihr in den Maitagen 1888. »Das interessanteste Blatt für mich ist das mit dem Douglasschloß im Kinroß-See, zu dem ich mit Lepel im Boot hinüberfuhr«, damals »stand es in meiner Seele fest, die Mark Brandenburg und ihre Schlösser und Seen beschreiben zu wollen. Was dann auch geschehen ist.«

Wer heute Lochleven besucht, sollte sich Lachsforellen servieren lassen und die Insel im See mit dem Douglas-Schloß besuchen, aber er sollte auch Kinross House und dessen Park aufsuchen. Es gehört seit Anfang unseres Jahrhunderts der

Familie Montgomery, und der Garten, von dem man das Äußere des Hauses, das vom ›Christopher Wren von Schottland‹, von William Bruce, erbaut wurde, gut studieren kann, ist während der Sommermonate zu besichtigen.

Floddenfield

Wer von Schottland spricht, meint zumeist die ›Highlands‹, das Gebiet nördlich von Edinburgh und nördlich des Firth of Forth hoch bis zu den Orkneys. Aber es gibt auch die ›Lowlands‹, das schottische Tiefland, das sich südlich von Edinburgh bis zu den Cheviot Hills erstreckt, deren Paßhöhe ›Carter Bar‹ der Übergang von Schottland zu England ist. Inmitten dieser Lowlands erstreckt sich das Tal des Tweed, der über 150 Kilometer lang, von seiner Quelle am Fuß des Hart Fell in west-östlicher Richtung dahinfließt, bis er bei Berwick in die Nordsee mündet. Der Tweed gab den Namen für Fontanes Berichte aus Schottland *Jenseit des Tweed*, – »das englisch ›*beyond the Tweed*‹, das in England eine gang und gebe Bezeichnung für Schottland ist«, wolle er mit *Jenseit des Tweed* übersetzen, schrieb er seinem Verleger Julius Springer. In diese ›Lowlands‹ gingen die letzten Fahrten der beiden Freunde. Auch heute kann man auf vielen Straßen von Edinburgh aus in den Süden fahren. So nach Coldstream – südwestlich von Berwick –, und von dort erreicht man schnell Floddenfield.

»Der Tag von Floddenfield ist in der schottischen Geschichte das düstere Gegenstück zu dem Glanztage von Bannockburn [wo Robert Bruce 1314 das englische Heer vernichtend schlug]. Bannockburn ist auch bei uns ein gekannter und oft genannter Name geworden, von Floddenfield spricht niemand.« Fontane erzählt ausführlich, wie es zu diesem schwarzen Tag kam, wie der junge Jakob IV., erst fünfzehnjährig, seinen Vater, den Stuart Jakob III., in der Schlacht bei Sauchieburn im Sommer 1488 besiegte und sich selbst zum König machte. Er vermählte sich danach mit Margarete Tu-

dor, einer Schwester Heinrichs VIII. – auf diese Heirat gründeten sich alle späteren Ansprüche Maria Stuarts auf die englische Krone – »Dennoch blieb es auch dieser Heirat versagt, ein dauerndes gutes Einvernehmen zwischen den beiden Höfen zustande zu bringen.« Zur Zeit der ›heiligen Ligue‹ standen Spanien, Deutschland und England dem Frankreich Ludwigs XII. gegenüber, der nun versuchte, Schottland für sich zu gewinnen. Und er hatte bei Jakob IV. Erfolg, der von einem neuen Tag von Bannockburn träumte, bei dem er England besiegen würde, und er rief seine Barone mit ihren Mannen auf. »Die Musterung über das Heer, wohl 50 000 Mann stark, war abgenommen, und der Marsch gegen Süden auf den nächsten Morgen festgesetzt. Die Truppen lagerten draußen auf dem Blachfeld, aber viele von den Lords und Clanführern waren in die Stadt [Edinburgh] gekommen, um die letzten Stunden vor dem Aufbruch beim Weine zu verplaudern.« Mitternacht war schon vorüber, als sie aufbrachen. »Als sie in die Nähe der St. Giles-Kirche gekommen waren und auf dem Platze standen, wo sich das Wahrzeichen der Stadt, das alte City-Kreuz, auf seinem hohen, achteckigen Postamente erhob, hörten sie von der Brüstung her folgende Worte in die Nacht hineinrufen:

> Vernimm, König Jakob: zieh aus, zieh ein!
> In vierzig Tagen bist du mein.
> Ob Schwert dich trifft, ob Rosses Huf,
> Du mußt gehorchen meinem Ruf.
> Du bist gestrauchelt, ich hab' dich gewiß,
> Das Licht muß enden in Finsternis.«

Am nächsten Tag marschierte das Heer los, überschritt den Tweed und nahm Aufstellung bei den Hügeln von Flodden. »Am Morgen des 9. September [1513] begann die Schlacht.

Jegliche Art geschickten Manövrierens, jede Benutzung von Terrainvorteilen schien man für diesen Tag als unwürdige Fechterstückchen außer Spiel gelassen zu haben [...] Die Schotten eröffneten den Kampf, und zwar auf ihrem linken Flügel. Hier standen die Borderer (Grenzer), die Männer von Annandale und Liddesdale. In beständigen Grenzkämpfen geschult und gestählt, galt von ihrem Mute dasselbe, was von ihren Speeren galt: *beide waren um zwei Ellen länger als irgend sonstwo im Lande.*« Aber diese Vorteile nutzten nichts, sie wurden zurückgeworfen, ihre Führer erschlagen, der König fiel, doch wurde sein Leichnam niemals gefunden.

»Der Tag von Floddenfield war der eigentliche Sterbetag Schottlands; in den 90 Jahren, die noch zwischen diesem Tag und der Vereinigung beider Königreiche liegen, war das Land wenig mehr als eine eroberte Provinz, der man übereingekommen war, den Schein und den Glauben an ihre Selbstständigkeit zu lassen. Seine Macht und sein Ansehn waren gebrochen, und von der Trauer, die das ganze Land erfüllte, gibt am besten das Lied Kunde, das den Titel: ›The Flowers of the Forest‹ führt und nicht ohne Grund das Sterbelied Schottlands genannt worden ist. Es lautet wie folgt:

> Ich hörte sie singen, wenn morgens sie gingen
> Die Herde zu melken, die draußen steht;
> Nun hör' ich ihr Wehe, wo immer ich gehe –
> Die Blumen des Waldes sind abgemäht.

> Vorüber das Necken an Wegen und Hecken,
> Still eine neben der andern geht,
> Sie können nicht scherzen mit Trauer im Herzen,
> Und was sie sprechen, ist leises Gebet.

Kein Erntereigen; es schweigen die Geigen,
Kein Tänzer, der fröhlich im Tanze sich dreht.
Auf Märkten und Messen die Lust ist vergessen –
Die Blumen des Waldes sind abgemäht.

Kommt Dämmerstunde, nicht mehr in die Runde
Das Haschen und Pfänderspielen geht,
In stiller Kammer verbirgt sich ihr Jammer –
Die Blumen des Waldes sind abgemäht.

Dahin unsre Kränze! Wir zogen zur Grenze,
Wo Englands Banner im Winde geweht,
Unsre Blumen vom Walde, sie ruhn auf der Halde,
Die Blüte des Landes ist abgemäht.

Ich hörte sie singen, wenn morgens sie gingen,
Die Herde zu melken, die draußen steht;
Nun klingt ihre Klage von Tage zu Tage:
Die Blumen des Waldes sind abgemäht.«

›The Flowers of the Forest‹ ist ein altes Lied, dessen Melodie bereits im 17. Jahrhundert bekannt war. Der Text wurde mehrfach überliefert, bis ihn Scott in seine Sammlung *Minstrelsy of the Scottish Border* aufnahm. Von daher kannte Fontane das Lied, er übersetzte es und nahm es in alle Auflagen seiner *Gedichte* auf. In seinem Buch *Krieg gegen das Kaiserreich* (1873), in dem er die verlustreichen Kämpfe bei Gravelotte und St. Privat vom August 1870 schilderte und das Totenfeld beschrieb, zitierte er noch einmal die dritte, vierte und fünfte Strophe.

Unsre Blumen vom Walde, sie ruhn auf der Halde,
Die Blüte des Landes ist abgemäht.

In Großbritannien ist ›The Flowers of the Forest‹ bis auf den heutigen Tag Totenklage geblieben. Als 1982 die gefallenen Soldaten des Falkland-Krieges in der Heimat eintrafen, blies ihnen zu Ehren ein Dudelsackpfeifer das Sterbelied Schottlands: ›The Flowers of the Forest‹.

Melrose Abbey

Im Tal des Tweed, etwa 40 bis 50 Kilometer südlich von Edinburgh, liegen die Ruinen der Abteien Kelso, Melrose und Dryburgh, noch etwas südlicher die von Jedburgh. Die berühmteste von ihnen, von Walter Scott besungen und von William Turner gezeichnet, ist Melrose. Am frühen Morgen fuhren Fontane und Lepel von Edinburgh gen Süden. »... schon um 10 Uhr vormittags trafen wir an Ort und Stelle ein. Das Städtchen Melrose, nur etwa vier deutsche Meilen von der englischen Grenze entfernt, liegt am Tweed, zum Teil an den Abhängen malerischer Hügel, die hier zu beiden Seiten den Fluß einfassen. Das Tweed-Tal gilt an dieser Stelle für außerordentlich fruchtbar, und um so mehr muß es überraschen, daß das Wort Melrose nicht ›Honigrose‹ (wie man angesichts so üppiger Landschaft glauben sollte), sondern vielmehr ›Kahlenberg‹ bedeutet. [...] *Melrose-Abbey* ward zwischen 1136 und 1146 von König David I. gegründet, also ungefähr um dieselbe Zeit, wo die Abtei von Holyrood errichtet wurde. Melrose war ein Zisterzienser-Kloster und größer, reicher, schöner als irgendeine andere Abtei im Lande. Drei große Feinde indes haben an der Zerstörung dieses Baudenkmals gearbeitet: der Krieg, das Puritanertum und der Vandalismus der letzten Jahrhunderte. Melrose-Abbey wurde zu einem Steinbruch, dessen Wände und Pfeiler man zerschlug, um nachbarliche Stallgebäude aufzuführen. Aber auch unter den *Ruinen* des Landes ist sie die schönste geblieben.« 1322 wurde Melrose durch Edward II. niedergebrannt und zerstört, Robert Bruce ließ die Abtei wieder aufbauen, Ende des Jahrhunderts erneute Zerstörung und Aufbau, dann 1545 auf Befehl Heinrichs VIII. abermals zerstört.

»Ein ziemlich breiter Kirchhof, mit alten Grabsteinen überdeckt, zieht sich an der Südfront der Ruine hin, und von dem südöstlichsten Punkt dieses Kirchhofs aus hat man den schönsten Überblick über dieselbe. Im Norden zwischen Hauptschiff und nördlichem Querschiff befanden sich die Klostergebäude; der Turm wuchs aus der Mitte des Kreuzes empor, und Chor und Oberschiff waren von ungewöhnlicher Länge. [...] Kein Teil des Gebäudes, der nicht schwere Schädigungen erfahren hätte; vieles fehlt, einzelnes ist verunstaltet, nichtsdestoweniger bietet sich dem Auge, neben der Schönheit der Proportionen, noch eine solche Fülle wohl erhaltener Einzelheiten dar, daß es weder eines besonderen Geschicks noch einer besonders lebhaften Phantasie bedarf, sich die Ruine wieder als ein Ganzes zu denken und aufzubauen. Ich mag nicht bei den Einzelheiten verweilen, nicht die Portale und Nischen, die Simse und Friese beschreiben, selbst die besonders berühmten Fenster nicht, die sich in mächtiger Breite im Chor und über dem Südportal erheben; ich begnüge mich mit der Erklärung, daß diese Ruine zu jenen großartigen Schönheitswundern gehört, die einmal gesehen und in sich aufgenommen, nicht wieder vergessen werden. Sie ist nicht nur unter den schottischen, sondern überhaupt unter allen Ruinen, die ich kennengelernt habe, durchaus die schönste und fesselndste. Worin ihr besonderer Zauber besteht, ist schwer zu sagen. Lage, Material (ein feinkörniger rotgrauer Sandstein), imposante Dimensionen, historische Erinnerungen und Reichtum und Eleganz des Details (wovon auch ein flüchtiger Blick schon überzeugen muß), wirken zusammen; den Ausschlag aber gibt wohl jene rätselhafte Schönheitslinie, die man an ihrer Wirkung eher erkennt, als Auge oder Urteil sie nachzuweisen vermögen.«

Wie Loch Katrine durch Scotts *Lady of the Lake* berühmt

wurde, so machte 1805 sein *Lay of the Last Minstrel* (Des Spielmanns letztes Lied) Melrose Abbey zu einem besonderen Anziehungspunkt. Und dieser Dichtung sind die Verse im ›Canto Second‹ entnommen (»If thou would'st view fair Melrose aright, / Go visit it by pale moonlight«), die Fontane in seiner Übersetzung an den Beginn des Kapitels *Melrose-Abbey* setzt:

> Und willst du des Zaubers sicher sein,
> So besuche Melros' bei Mondenschein;
> Die goldne Sonne, des Tages Licht,
> Sie passen zu seinen Trümmern nicht.
> Wenn die Bögen und Nischen im Schatten stehn,
> Die Ecken und Pfeiler wie Silber sehn,
> Wenn das weiße, kalte, zitternde Licht
> Um den Mittelturm seine Girlanden pflicht,
> Wenn die Strebepfeiler sich wechselnd reihn,
> Halb Ebenholz, halb Elfenbein,
> Wenn's schneeig auf allen Gräbern liegt
> Und die weißen Figuren noch weißer umschmiegt,
> Wenn das Rauschen des Tweed weitab gehört,
> Wie Summen die nächtge Stille stört, –
> Ja, dann tritt ein; bei *Mondenschein*
> Besuche Melros' und – *tu es allein.*

Seine Übersetzung nahm Fontane in alle Auflagen seiner *Gedichte* auf. Doch außer dem unvergleichlichen Ruinenzauber, der auch am hellen Tag wirkt, hat Melrose noch eine historische Kostbarkeit: das Herz von König Robert Bruce in einer silbernen Kapsel. Als dieser schottische König im Sterben lag, rief er einen der Douglas zu sich:

Unter allen Lords in meinem Reich
War keiner doch dem Douglas gleich.
Drum trag du, wenn ich gestorben bin,
Mein Herz zum heiligen Grabe hin.
Dort mag es liegen tief und still,
Bis mein Erlöser es wecken will.
Ein bessrer Ritter bis diese Stund'
An keines Königs Seite stand.

Der Douglas brachte des Königs Herz in der Silberkapsel ins
Heilige Land, wurde dort im Kampf getötet und mit dem Kö-
nigsherzen zurück in die Heimat gebracht und in Melrose zur
letzten Ruhe getragen. So liegt König Roberts Leib in der Ka-
thedrale von Dunfermline an der nördlichen Seite des Firth of
Forth, sein Herz aber in Melrose.

An der Südfront der Abtei ziehen sich lange Reihen mit
Gräbern und deren Leichensteinen, und auf einem stehen die
Worte:

The earth goes on the earth, glittering in gold,
The earth goeth to the earth sooner than it would
The earth builds on the earth castles and towers,
The earth says to the earth: All this is ours.

In der Übersetzung Fontanes heißen die Verse:

Erde gleißt auf Erden
In Gold und in Pracht;
Erde wird Erde,
Bevor es gedacht;
Erde türmt auf Erden
Schloß, Burg, Stein;
Erde spricht zu Erde:
Alles wird mein.

Melrose Abbey 171

Auch diese Übersetzung, wie die des *Schwertspruchs* für Douglas, nahm Fontane in die Auflagen seiner *Gedichte* auf.

Von der *Grabschrift* erzählt Fürst Pückler in seinen 1830/32 erschienenen *Briefen eines Verstorbenen*. Es war bei einem Essen der Herzogin von St. Albans, da er neben Sir Walter Scott saß, und dieser rezitierte ihm im Gespräch die Verse der Grabschrift von Melrose. Pückler bringt dann die englische Fassung und seine eigene Übersetzung. »Wohl wahr! Denn Erde waren, sind und werden wir, und der Erde allein gehören wir vielleicht an.«

Abbotsford

Die letzte Fahrt sollte für Fontane und Lepel eine ›Pilgerreise‹ werden, sie wollten Abbotsford, das Haus von Sir Walter Scott, besuchen. »Drei englische Meilen westlich von Melrose liegt Abbotsford, jene ›Romanze in Stein und Mörtel‹, wie *Walter Scott* seinen selbsterrichteten Wohnsitz mit einem gewissen Selbstgefühle genannt hat. Der ganze Bau übernimmt wider Willen die Beweisführung, daß sich ›eines nicht für alles schickt‹ und daß die Wiederbelebung des Vergangenen, das Ausschmücken einer modernen Schöpfung mit den reichen poetischen Details des Mittelalters, auf *einem Gebiete* bezaubern und hinreißen und auf dem andern zu einer bloßen Schnurre und Absonderlichkeit werden kann. Diese Romanze in Stein und Mörtel nimmt sich, um in *dem* Vergleiche zu bleiben, den der Dichter selbst gewollt hat, nur etwa aus, als habe er in einem seiner Schreibtischkästen hundert hübsche Stellen aus allen möglichen alten Balladen gesammelt, in der bestimmten Erwartung, durch Zusammenstellung solcher Bruchstücke eine eigentliche *Musterromanze* erzielen zu können. [...] Wir haben in Melrose ein zierliches, zweirädiges Wägelchen gemietet, und vom Eisenbahnhotel aus, wo wir abgestiegen sind, geht es nun westlich die Straße nach Abbotsford hinaus. Der Weg, den wir passieren, hat ganz den Charakter der englischen und südschottischen Landschaft: Tal und Hügel in raschem Wechsel, Hecken und Baumgruppen, Wiesenflächen und Kieswege und ein Wasserstreifen, der in Schlangenwindungen das Ganze durchzieht. Nirgends frappante Schönheit, aber überall lachende Lieblichkeit und die milde Hand der Kultur, von der man sich wie von einem Westwind gestreichelt fühlt.«

»Unser Karren rollt weiter und hält erst wieder vor einer weit ausgedehnten Umzäunung [...] Wir steigen ab. Ein einfaches Gittertor öffnet sich und fällt wieder zu; der Rayon von Abbotsford, ein landschaftliches Bild von nicht gewöhnlicher Schönheit, liegt vor uns. [...] Die Lage des Hauses, halb umgeben vom Tweed (der hier eine Biegung macht) und überall von Hügelabhängen, von Baum- und Parkpartien eingeschlossen, ist anziehend und malerisch genug; dieser naturgeschaffenen Romantik sollte aber nachgeholfen werden, und so entstand jenes Kuriosum, zu dessen näherer Betrachtung wir jetzt schreiten. Zunächst die *Außenseite*. Im Prinzip ist zwischen ihr und dem Innern des Hauses nicht der geringste Unterschied, und der Sammel-Charakter, den das Ganze hat, tritt auch äußerlich so entschieden hervor, daß man gelegentlich glauben könnte, die Wände seien von Glas und der Kuriositätenkram, der etwa wie Tulaer Arbeit *äußerlich* in sie eingelassen ist, schimmre von innen durch die Glaswand hindurch.«

Fontane schildert nun Außen und Innen des Hauses, das sich Scott nach 1810 im Tweedtal erbaut hatte. Nach verschiedenen Grundstückskäufen konnte er in mehreren Bauabschnitten seinen Traum von Abbotsford House verwirklichen, der große Erfolg von *Waverly*, seinem ersten Roman, gab ihm die finanziellen Möglichkeiten dazu. Das Haus wurde eingerichtet, und Scott konnte es beziehen. Viele Jahre nach seinem Besuch im Tweedtal veröffentlichte Fontane 1888 in der Zeitschrift ›Zur guten Stunde‹ das Gedicht *Walter Scotts Einzug in Abbotsford*, in dem er den langen Zug der mehr als zwanzig Wagen schildert, jeder beladen mit in langen Jahren gesammelten Antiquitäten und Erinnerungsstücken, mit denen Scott von Edinburgh nach Abbotsford zog:

Und auf dem letzten, sonnenumblitzt,
Sir Walter selber, ein glücklicher, sitzt,
Er lächelt und träumt und führt im Geist
Den Stab schon, der allen die Stelle weist.
Eine Stelle find't jedes irgendwo,
Sei's in Quentin Durwards, in Ivanho,
Eine Stelle find't jedes, früh oder spat,
In Abt oder Kloster oder Pirat,
Eine Stelle haben, finden sie,
Sei's in Woodstock oder in Waverlie.

Requisitenkammer, Schatzkammer noch mehr,
So kommt der Zug von Edinburg her.
Dreiundzwanzig Wagen. Nun ladet ab
Und Sir Walter, schwinge den Zauberstab!

Auch gegenwärtig ist Abbotsford für Besucher geöffnet, der Park und die ›Romanze in Stein und Mörtel‹ können besichtigt werden, und jeder kann für sich entscheiden, ob Fontanes Urteil auch für ihn zutrifft.

Mit Abbotsford, das die Freunde am Dienstag, dem 24. August 1858, besuchten, war die Rundreise durch Schottland beendet, sie waren in vierzehn Tagen mehr als eintausendfünfhundert Kilometer gereist, gewandert und gefahren, auch bei den heutigen Verkehrsbedingungen eine durchaus beachtliche Leistung. Lepel klagte nach seiner Rückkehr: »Aber ich werde in meinem Leben nie mehr so jagen, entweder mit Muße oder gar nicht.«

Für Fontane waren es unvergeßliche Tage gewesen, an die er sein Leben lang sich erinnerte. Schottland war Schluß- und Höhepunkt seiner Englandjahre. Noch vier Monate blieb er mit der Familie in London, im Januar 1859 verließ er als Neununddreißigjähriger England und kehrte niemals wieder zurück. Aber vergessen konnte und wollte er England nie.

Anhang

Fontane in England und Schottland.
Nachwort von Otto Drude

Schon der sechsjährige Fontane interessierte sich für England und alles Englische. Damals, am Ende der dreißiger Jahre des vorigen Jahrhunderts, lebte er mit seinen Eltern und Geschwistern in Swinemünde, einer kleinen, erst ab 1720 zu Preußen gehörenden Stadt an der Ostsee. Im Swinemünder Hafen legten oft Schiffe fremder Nationen an, besonders englische, denn die Swinemünder waren Leute, »die mit England und der englischen Sprache sehr wohl Bescheid wußten.« Swinemünder Kaufleute vertraten als Konsuln die Belange fremder Länder, und einer von ihnen war Konsul des Vereinigten Königreiches, der dann an Fest- und Feiertagen den ›Union Jack‹ statt der schwarz-weißen Fahne Preußens hißte.

Im Frühling und Sommer räumte ein englischer Dampfbagger das Hafenfahrwasser der Swine, und »halbe Stunden lang sah ich, wenn ich konnte, der Arbeit des englischen Baggers zu, dessen Ingenieur, ein alter Schotte namens Macdonald, mein besonderer Gönner war«, erinnerte sich noch der alte Fontane. In den Swinemünder Kinderjahren lernte er die damals vielgelesenen Romane Walter Scotts kennen, und unter seinen ersten lyrischen Versuchen gab es Themen aus der englischen Geschichte. Nach den Lehrjahren als Apotheker wagte er sich 1844 sogar an eine Übertragung von Shakespeares *Hamlet*.

Das entscheidende Ereignis war dann im Frühjahr 1844. Seit dem 1. April des Jahres war Fontane als Einjährig-Freiwilliger Soldat im Kaiser-Franz-Garderegiment in Berlin, und Ende Mai hatte er Dienst vor der von Schinkel erbauten Neuen Wache auf der nördlichen Seite der Linden zwischen

Zeughaus und Universität. Dort überraschte ihn sein Schulfreund Hermann Scherz mit einer Einladung zu einer vierzehntägigen London-Reise. Fontane erhielt Sonderurlaub, und Ende Mai ging es über Magdeburg und Hamburg nach London. Es war eine Art Gesellschaftsreise, wie sie damals in Mode kam und von dem Berliner Reisebüro der Gebrüder Stangen in der Mohrenstraße angeboten wurde.

Einer seiner sehnlichsten Wünsche hatte sich erfüllt: »Seit Jahren blickt’ ich auf England wie die Juden in Ägypten auf Kanaan.« Die wenigen Tage waren mit Fahrten und Wanderungen durch London ausgefüllt. Ausflüge nach Kew, Richmond, Windsor, Hampton Court und Brighton schlossen sich an. Dann waren die beiden Wochen vorbei, und am 10. Juni war er wieder bei seinem Regiment in Berlin. »London hat einen unvertilgbaren Eindruck auf mich gemacht; sowohl seine Schönheit als seine Großartigkeit hat mich staunen lassen. Es ist das Modell oder die Quintessenz einer ganzen Welt.« Im ›Tunnel‹, dem literarischen Sonntagsverein, dem Fontane seit September 1844 angehörte, las er neben Balladen, die ›Englisch-Schottisches‹ behandelten, im Sommer bis Herbst 1847 den Romanzenzyklus *Von der schönen Rosamunde*, der Geschichte der Liebe zwischen Rosamunde Clifford und Heinrich II., den Cottas ›Morgenblatt‹ abdruckte und der dann auch als Buch bei den Gebrüdern Katz in Dessau erschien. Im Mai und Juni 1850 druckte die ›Deutsche Reform‹ einige Beiträge, die Erlebnisse des Aufenthaltes von 1844 schilderten.

Mitte Oktober 1850 heirateten Emilie Rouanet und Theodor Fontane. Ende des Jahres erschien die erste Auflage seiner *Gedichte* im Carl Reimarus’ Verlag in Berlin, die in der zweiten Abteilung ›Bilder und Balladen‹ viel Englisches und Schottisches brachten, denn Fontane hatte in den vergangenen Jahren die englischen Balladensammlungen ›Reliquies of Ancient English Poetry‹ des Thomas Percy (1729-1811) und Scotts *Minstrelsy of the Scottish Border* kennengelernt und daraus übersetzt.

Seine zweite Englandreise begann Fontane im April 1852. Er wollte versuchen, ob er sich in London etablieren könnte, sei es als Apotheker, als Sprachenlehrer oder als Journalist, und er schrieb für ›Die Zeit‹ und die ›Preußische (Adler-)Zeitung‹ Berichte und Aufsätze, die Jahre später den Hauptteil seines fast 300 Seiten umfangreichen Buches *Ein Sommer in London* bildeten, das 1854 wieder im Verlag der Gebrüder Katz in Dessau erschien. Theodor Storm schrieb darüber im ›Deutschen Kunstblatt‹: »Bei aller Kenntnis des Landes, sowie seiner Geschichte und Literatur, womit ohne Zweifel ausgerüstet er dort die Dinge und Verhältnisse angeschaut, erhalten wir nicht sowohl eine Darstellung dieser Dinge selbst, als vielmehr des Eindrucks, den sie ihm zurückgelassen...« Schon nach sechs Monaten – Ende September 1852 – kehrte Fontane wieder nach Berlin zurück.

Drei Jahre später, im September 1855, reiste Fontane, nunmehr im offiziellen ministeriellen Auftrag, nach London, er sollte eine ›Deutsch-Englische Correspondenz‹ vorbereiten, organisieren und leiten. Trotz aller Anstrengungen kam das Unternehmen nicht über die ersten Nummern hinaus und wurde zum Ende März 1856 wieder eingestellt. Fontane blieb als Presse-Agent der preußischen Regierung in England und wurde der preußischen Botschaft unterstellt. Emilie kam mit den beiden Kindern endgültig im Sommer 1857 nach London, und die Familie bewohnte ein dreistöckiges Haus in Camden, einem nördlichen Vorort Londons. Ende August bis Mitte Oktober 1856 war Fontane auf Urlaub in Berlin gewesen und noch einmal im Frühjahr 1857, um seine Tätigkeit bis

Fontane in England und Schottland 183

1859 zu verlängern. Im August 1858 besuchte ihn dann Bernhard von Lepel, und beide reisten zwei Wochen durch Schottland.

Als jedoch im Oktober 1858 Prinz Wilhelm die Regentschaft für seinen schwerkranken Bruder, König Friedrich Wilhelm IV., übernahm, und unter ihm eine ›Neue Ära‹ begann, bat Fontane um Beendigung seiner Tätigkeit und kehrte Mitte Januar 1859 endgültig aus London zurück.

Fünfmal hatte Fontane die Überfahrt nach England gewagt: 1844 und 1852 und dann 1855 bis Anfang 1859, dazu zwei Urlaube, Herbst 1856 und Frühjahr 1857. Alles in allem war er fast vier Jahre in England, hauptsächlich in London. Zu seinen Zeiten konnte man nur mit dem Schiff England und damit London erreichen, die Schiffe fuhren von Hamburg, Amsterdam und Rotterdam aus und liefen Harwich an oder gingen direkt die Themsemündung hinauf bis zur London Bridge. Außerdem verbanden schon damals Fähren Calais und Ostende mit Dover, und von dort dampfte eine Eisenbahn direkt nach London. Zweimal fuhr Fontane von Hamburg direkt nach London, 1844 bei der ersten Reise und 1855 bei der dritten. In den Jahren 1852, 1856 und im Frühjahr 1857 nahm er die Fähren von Ostende und Calais.

Den letzten jahrelangen Aufenthalt nutzte Fontane zu einer regen schriftstellerischen Tätigkeit. Er schrieb Aufsätze über Shakespeare-Aufführungen, die er im ›Literaturblatt des Deutschen Kunstblattes‹ veröffentlichte, und das ›Kunstblatt‹ selbst druckte Berichte über Kunstausstellungen. ›Die Zeit‹ brachte Aufsätze über englische Wochenblätter, über eine große Ausstellung in Manchester und über die Londoner Theaterwelt. In der ›Preußischen Zeitung‹ erschienen Notizen über das englische Zeitungswesen. Daneben schrieb er über allgemeine und politische Tagesereignisse in der ›Vossischen

Zeitung‹ und ab Anfang 1857 in der ›Neuen Preußischen (Kreuz-)Zeitung‹, deren fester Mitarbeiter er geworden war. Nach seiner endgültigen Rückkehr brachten die ›Vossische Zeitung‹ und die ›Kreuz-Zeitung‹ einzelne Kapitel aus den *Berichten und Briefen aus Schottland.*

Wieder in Berlin, nutzte Fontane seine langjährigen Erfahrungen auf der britischen Insel zu Vorträgen, die er in Arnims Hotel ›Unter den Linden‹ hielt. 1860 erschienen die Berichte aus Schottland im Verlag von Julius Springer unter dem Titel *Jenseit des Tweed*, und der Stuttgarter Verlag Ebner und Seubert verlegte *Aus England. Studien und Briefe über Londoner Theater, Kunst und Presse.*

Damit war das Thema England jedoch noch nicht erledigt. Vom Sommer 1860 an redigierte Fontane fast ein Jahrzehnt lang den ›Englischen Artikel‹ der ›Kreuz-Zeitung‹. Dazu mußte er täglich die wichtigsten englischen Zeitungen lesen und sich in einschlägigen Korrespondenzen unterrichten. Einer Pressegewohnheit der damaligen Zeit folgend, verfaßte er danach seine sogenannten ›unechten Korrespondenzen‹, das heißt, aus den Berichten der Zeitungen wurde mit eigenen Zwischentexten ein vermeintlicher Korrespondenzbericht ›montiert‹. »Es ist damit wie mit den friderizianischen Anekdoten: die unechten sind geradeso gut wie die echten und mitunter noch ein bißchen besser. [...] Das Schreibetalent gibt eben den Ausschlag, nicht der Augenschein, schon deshalb nicht, weil in schriftstellerischem Sinne von zehn Menschen immer nur einer sehen kann«, erinnerte sich Fontane an seine Redaktionszeit. Als er 1870 aus der ›Kreuz-Zeitung‹ schied, hörte der Kontakt mit England nicht auf. Im April 1870 brachte Emilie die zehnjährige Martha für ein Jahr zu der aus Londoner Tagen befreundeten Familie Merington, damit Mete die englische Sprache richtig erlernen konnte, denn »die volle Kenntniß einer fremden Sprache ist wie ein Capital von dessen Zinsen man leben kann«. Zehn Jahre später fuhr der Älteste, der dreißigjährige George, nach England. »George wird seine 5 Wochen Ferien wohl in London zubringen.« Und in den letzten Lebensjahren belebte Fontane eine Korrespondenz mit dem sieben Jahre jüngeren Arzt James Morris wieder, den er schon 1852 in London getroffen hatte. Nach Fontanes Rückkehr war die Verbindung abgebrochen, um über drei Jahrzehnte später wieder einzusetzen. »Ich unterhalte eine Correspondenz mit meinem alten Freunde *Dr. med. Morris* in London, die darin besteht, daß er mir illustrirte Londoner Zeitungen der mannigfachsten Art schickt, auf welche Zuwendungen ich alle 6 Wochen in einem kleinen Dankesbriefe antworte.« So schloß sich der Kreis. In all den Jahrzehnten, die der endgültigen Rückkehr gefolgt waren, kamen die Erlebnisse der Jahre in England nie zur Ruhe, sie blieben in Gedichten und Balladen, in den Romanen und vor allem und immer wieder in den Briefen lebendig.

1861 erschienen beim Verlag von Wilhelm Hertz die *Balladen*, deren zweiter Teil ›Lieder und Balladen frei nach dem Englischen‹ brachte, und das ›Cotta'sche Morgenblatt‹ druckte im selben Jahr den Aufsatz über englische und schottische Balladen. Ein Jahrzehnt später veröffentlichte Fontane in Rodenbergs ›Salon für Literatur‹ seinen Essay zum hundertsten Geburtstag von Walter Scott. Als Rodenberg ihn im Frühjahr dazu eingeladen hatte, antwortete er begeistert: »Sie haben es getroffen! Wiewohl mit Arbeit überbürdet, akzeptiere ich dennoch Ihr freundliches Anerbieten. Wie Sie ganz recht vermuten, aus Liebe zu meinem Lieblings-Dichter, noch mehr Lieblings-*Menschen*.« 1875 brachte Hertz dann die zweite und vermehrte Auflage der *Gedichte*, die auf 352 Seiten auch die ›Lieder und Balladen, frei nach dem Englischen‹ aufnahmen.

Und dann erschien das Romanwerk, in dem immer wieder Bezüge zu England auftauchten, so in *Cécile* der aus Schottland stammende Gordon-Leslie mit seinen Erinnerungen an Maria-Stuart-Porträts und an die Lachsforellen im Kinross-See, in *Frau Jenny Treibel* der Besuch von Mr. Nelson, dem Sohn eines englischen Geschäftspartners. In *Unwiederbringlich* lebt Graf Holk nach seiner Scheidung in London am Tavistock Square, dort, wo Fontane 1852 selbst gewohnt hatte. In einer der kleinen Erzählungen in *Von, vor und nach der Reise*, mit dem Titel *Im Coupé*, gibt es eine aufschlußreiche Plauderei über England und englische Verhältnisse. Auch in den Fragmenten und Notizen finden sich immer wieder Anklänge, so in *The Poppies Queen*, die in London am Soho Square spielen sollte.

1891 schrieb er an Hans Hertz, den Sohn seines Verlegers: »Ich bin mit Maria Stuart zu Bett gegangen und mit Archibald Douglas aufgestanden.« Und Jahre später, im Februar 1896, erklärte er: »Ich bin Nordlandmensch, und Italien kann, für *mich*, nicht dagegen an.«

Die Bezüge zu England, speziell zu London, sind in seinem letzten Roman, im *Stechlin*, am deutlichsten. Graf Barby hatte mit seinen beiden Töchtern lange Jahre in London gelebt, und als nun Woldemar von Stechlin eine Kurzreise nach London antreten muß, gibt es viele empfehlende Hinweise der beiden Schwestern, und nach der Rückkehr muß er ausführlich von seinen Eindrücken erzählen. In einer Plauderei zwischen Dubslav und Pastor Lorenzen gesteht dieser, und Fontane hätte selbst so sprechen können: »Es hat für mich eine Zeit gegeben, wo ich bedingungslos dafür [England] schwärmte. Nicht zu verwundern. Hieß es doch damals in dem ganzen Kreise, drin ich lebte: ›Ja, wenn wir England nicht mehr lieben sollen, was sollen wir dann überhaupt noch lieben?‹ Diese halbe Vergötterung hab ich noch ehrlich mit durchgemacht.«

Das vielleicht bezeichnendste Zitat ist jedoch die Tagebucheintragung Woldemars von Stechlin, in der er nach ersten Besuchen bei den Barbys feststellt: »und an der Themse wächst man sich anders aus als am ›Stechlin‹«, dabei hätte er statt ›Stechlin‹ auch ›Berlin‹ schreiben können. Und Woldemar fügt hinzu, was Fontane einmal selbst aus London geschrieben hatte: »... daß hinterm Berge auch noch Leute wohnen. Und mitunter noch ganz andre.«

Fundstellen der angeführten Zitate

Nachstehend ist die Literatur mit den entsprechenden Siglen aufgeführt, die für die Zitate benutzt wurde. Es sind dies hauptsächlich die Erinnerungen an die Londoner Zeit und an die Schottlandreise, an den *Sommer in London* und *Jenseit des Tweed*, die beide auch in Ausgaben im ›insel taschenbuch‹ vorliegen und nach denen hauptsächlich zitiert wird.

In der Liste werden die Zitate in der Reihenfolge des Zitierens – jeweils auf die Textseite bezogen – angegeben, maßgebend ist dabei der Beginn des Zitates. Dabei werden folgende Siglen verwandt:

GBA Ge 1-3   Theodor Fontane, Gedichte. Band 1-3, Aufbau-Verlag, Berlin und Weimar 1995. (Große Brandenburger Ausgabe)

GBA Tb 1-2   Theodor Fontane, Tagebücher, Band 1-2, Aufbau-Verlag, Berlin und Weimar 1994. (Große Brandenburger Ausgabe)

GBA Wa 1-7   Theodor Fontane, Wanderungen durch die Mark Brandenburg. Band 1-7, Aufbau-Verlag, Berlin und Weimar 1994. (Große Brandenburger Ausgabe)

HF   Theodor Fontane, Werke, Schriften und Briefe, hrsg. von W. Keitel und H. Nürnberger. Carl Hanser Verlag, München 1962-1998
Von dieser Ausgabe, die in vier Abteilungen erscheint, wurden die Bände der Abteilungen III (Aufsätze – Kritiken – Erinnerungen) und der Abteilung IV (Briefe – Text und Kommentar) benutzt

NF   Theodor Fontane, Sämtliche Werke, hrsg. von E. Groß, K. Schreinert u. a., Band I-XXIV. Nymphenburger Verlagshandlung München 1959-1975

AF Ro 1-8   Theodor Fontane, Romane und Erzählungen, Band 1-8. Aufbau-Verlag, Berlin und Weimar 1993

JdT   Theodor Fontane, Jenseit des Tweed. Briefe und Bilder aus Schottland. Insel Verlag 1989. (insel taschenbuch 1066)

SiL   Theodor Fontane, Ein Sommer in London. Insel Verlag 1995. (insel taschenbuch 1723)

KG	Theodor Fontane, Kriegsgefangen. Erlebtes 1870. Insel Verlag 1993. (insel taschenbuch 1437)
P	Theodor Fontane. Briefe I-IV. Hrsg. Von K. Schreinert und Ch. Jolles. Vier Bände. Berlin 1968 bis 1971
FFr	Theodor Fontane. Briefe an Georg Friedländer. Hrsg. und erl. von K. Schreinert. Heidelberg 1954
FLe	Theodor Fontane und Bernhard von Lepel. Ein Freundschafts-Briefwechsel. Hrsg. von J. Petersen. 2 Bände. München 1940
BFM	Die Fontane und die Merckels. Ein Familienbriefwechsel 1850-1870. Hrsg. von G. Erler. Zwei Bände. Berlin 1988
DüD 1-2	Dichter über ihre Dichtungen. Band 12/1-2. Theodor Fontane. Hrsg. von R. Brinkmann und W. Wiehölter. München 1973
Burns	The works of R. Burns. Vol. 1 and 2, Glasgow and Edinburgh 1844
Durant	Will und Ariel Durant, Das Zeitalter der Vernunft hebt an. Bern und München 1963
Scott	Sir Walter Scott, The Waverly Novels, Vol. I-XXV, Edinburgh 1890
Storm	Theodor Storm, Sämtliche Werke in vier Bänden. Frankfurt/Main 1987 ff.

London: [10] JdT 247-248. [13] NF XVII,7 – NF XVII,472. [11] HF IV,1,537 – GBA Tb 1,8 – HF IV,1,229. [15] GBA Tb 1,8-9 – GBA Tb 1,9 – HF IV,1,411. [18] SiL 51 – HF IV,1,253. [19] HF IV,1,417 – AF Ro 6,232. [21] HF IV,1,530. [22] BM 1,140-141. [23] HF III,4,305. [24] NF XV 159 – HF III,4,306. [26] SiL 109-111 – AF Ro 8,226. [27] GBA Gel, 149. [28] HF III,3/1,545 – SiL 10. [29] NF XXII/1,167-168. [32] SiL 39 – HF IV,2,319 – GBA Tb 1,14 – GBA Tb 1,14. [33] NF XV,140-141 – SiL 74. [35] JdT 220 – SiL 73 – AF Ro 8,250-251. [36] SiL 78-79. [37] NF XVIII,131 – NF XVIII,131. [38] NF XVIII,133 – NF XVIII,134 – NF XVIII,135. [40] NF XVIII,139. [41] NF XXIII/1,25 – NF XXIII/1,28-29. [42] NF XXIII/1,138-139. [43] SiL 168-169 – SiL 169 – SiL 169 – SiL 25. [47] SiL 129 – HF IV,1,460. [48] HF IV,1,466-467 – SiL 171 – SiL 37-38.

[49] AF Ro 8,224-225. [52] SiL 22. [53] SiL 121 – SiL 67-68 – GBA Tbl,247. [58] SiL 69. [59] SiL 153-154 – SiL 156-159 – GBA Tbl,101-102. [62] SiL 47. [63] NF XVII,477.

England: [69] GBA Ge 1,88 – SiL 217 – SiL 204. [70] SiL 207-208 – SiL 209 – SiL 218. [71] SiL 224 – SiL 217. [75] NF XVII,414 – NF XVII,415. [76] NF XXII/2,146 – HF IV,4,349 – AF Ro 8,249-250. [78] NF XVII,427 – GBA Tb 1,154 – GBA Tb 1,154-155. [79] NF XVII,428-429 – NF XVII,429 – GBA Tb 1,158 – HF III,1,202 – HF III,1,203. [84] HF III,1,203 – HF IV,1,527-528.

Schottland: [87] GBA Tb 1,151 – HF IV,1,625 – JdT 13. [88] JdT 17. [89] JdT 20 – JdT 20 – HF III,3/1,582 – JdT 21. [93] JdT 23 – GBA Ge 1,119 – JdT 25. [94] GBA Ge 1,123 – Durant, 133. [96] JdT 38-39 – JdT 53-54 – JdT 53. [97] JdT 51 – SiL 159 – AF Ro 4,402. [99] JdT 101 – Scott I,251 – JdT 101 – JdT 101 – JdT 103. [102] JdT 106-107. [103] GBA Ge 1,112-113 – KG 201. [104] JdT 125 – JdT 130 – JdT 134-135. [108] GBA Ge 1,110 – Burns 2,113. [109] JdT 150-151. [110] JdT 153 – JdT 154-155. [111] JdT 156. [112] JdT 159-160. [113] JdT 160-161 – JdT 162-163. [116] GBA Ge 1,153. [117] JH IV,3,60. [118] JdT 166-167. [122] JdT 169 – JdT 172-173. [123] JdT 175-176. [124] JdT 179 – JdT 180 – JdT 182. [126] JdT 183 – JdT 184. [127] JdT 185. [128] JdT 187. [129] JdT 188-190. [131] GBA Ge 3,319-320 – JdT 192-193. [132] JdT 196. [133] JdT 203-204 – JdT 204-205. [136] JdT 207 – JdT 207-208. [137] JdT 210. [138] JdT 212 – JdT 214 – JdT 215-216. [139] JdT 217 – JdT 218-219. [142] JdT 220 – JdT 222. [143] JdT 223. [145] JdT 233-236 – JdT 236-240 – JdT 241-242. [148] JdT 245-246. [149] JdT 246. [150] JdT 246-247 – JdT 246-247 – JdT 246-248. [151] JdT 251. [152] AF Ro 4,356. [153] Scott XI,6 – GBA Wand 1,1. [156] HF IV,1,704 – HF IV,3,605. [159] DüD 1,321 – JdT 108. [162] JdT 110 – JdT 113 – JdT 118-119. [163] JdT 121-122. [166] JdT 257-258. [167] JdT 258-260. [170] JdT 257. [171] JdT 265 – JdT 266. [173] JdT 266-267. [175] JdT 270-271. [176] GBA Ge 1,146 – Fle 2,230. [181] NF XIV,49 – NF XIV,54. [182] NF XVII,466 – NF XVII,472. [183] Storm 4,367. [185] NF XV,251. [186] P 3,90 – HF IV,3,141 – FFr 213 – HF IV,2,377. [187] HF IV,4,113 – HF IV,4,531 – AF Ro 8,231 – AF Ro 8,120.

Register

Theodor Fontane
im Insel Verlag

58/1/8.96

Literatur und Reisen
im insel taschenbuch

Literatur und Reisen
im insel taschenbuch

158/2/12.96

Literatur und Reisen
im insel taschenbuch

Doris Maurer / Arnold E. Maurer: Literarischer Führer durch Italien. Ein Insel-Reiselexikon. Mit zahlreichen Abbildungen, Karten und Registern. it 1071

Günter Metken: Reisen durch Europa. Andere Wege zu Kunst und Kultur. Von Günter Metken. Mit zahlreichen Fotografien. it 1572

Mit Fontane durch die Mark Brandenburg. Herausgegeben von Otto Drude. Mit farbigen Fotografien von Christel Wollmann-Fiedler. it 1798

Mit Rilke durch das alte Prag. Herausgegeben von Hartmut Binder. Mit zahlreichen Abbildungen. it 1489

Michel de Montaigne: Tagebuch einer Reise durch Italien. Aus dem Französischen von Otto Flake. it 1074

Moskau. Ein literarischer Führer. Von Sigrun Bielfeldt. Mit zahlreichen Abbildungen. it 1382

München. Ein Lesebuch. Herausgegeben von Reinhard Bauer und Ernst Piper. Mit zahlreichen Abbildungen. it 827

Ernst Penzoldt: Sommer auf Sylt. Liebeserklärungen an eine Insel. Mit farbigen Zeichnungen des Verfassers. Herausgegeben von Volker Michels. it 1424

Potsdam. Ein Reisetagebuch. Herausgegeben von Doris Maurer und Arnold E. Maurer. Mit farbigen Abbildungen. it 1432

Prag. Ein Lesebuch. Herausgegeben von Jana Halamicková. Mit zahlreichen Abbildungen. it 994

Reisen durch Deutschland. Von Gustav Faber. Mit farbigen Fotografien. it 1595

Reisen mit Mark Twain. Für Reiselustige ausgewählt und zusammengestellt von Norbert Kohl. it 1594

Rom. Ein Städte-Lesebuch. Herausgegeben von Michael Worbs. it 921

Salzburg. Ein Städte-Lesebuch. Herausgegeben von Adolf Haslinger. Mit zahlreichen Abbildungen. it 1326

Schwarzwald und Oberrhein. Literarischer Führer. Herausgegeben von Hans Bender und Fred Oberhauser. Mit zahlreichen Abbildungen. it 1330

Sommerliebe. Zärtliche Geschichten. Für den Reisekoffer gepackt von Franz-Heinrich Hackel. it 1596

Südtirol. Ein literarisches Landschaftsbild. Herausgegeben von Dominik Jost. it 1317

Toskana. Ein literarisches Landschaftsbild. Herausgegeben von Andreas Beyer. Mit Fotografien von Loretto Buti. it 926

Literatur und Reisen
im insel taschenbuch

158/4/12.96

Kunst und Musik
im insel taschenbuch

Oskar Bätschmann: Edouard Manet. Der Tod des Maximilian. Eine Kunst-Monographie. Mit Abbildungen und einer farbigen Klapptafel. it 1482

Besuche im Städel. Betrachtungen zu Bildern. Herausgegeben von Klaus Gallwitz. Mit biographischen Notizen von Dolf Sternberger. it 939

Gottfried Boehm: Paul Cézanne. Montagne Sainte-Victoire. Eine Kunst-Monographie. Mit Abbildungen und einer farbigen Klapptafel. it 826

Roland Bothner: Auguste Rodin. Die Bürger von Calais. Eine Kunst-Monographie. Mit Abbildungen und einer farbigen Klapptafel. it 1483

Cézanne. Leben und Werk in Texten und Bildern. Von Margret Boehm-Hunold. it 1140

George Clémenceau: Claude Monet. Betrachtungen und Erinnerungen eines Freundes. Mit farbigen Abbildungen und einem Nachwort von Gottfried Boehm. it 1152

Das Evangeliar Heinrichs des Löwen. Erläutert von Elisabeth Klemm. Mit farbigen Bildtafeln. it 1121

Die Familie Mendelssohn. 1729 bis 1847. Nach Briefen und Tagebüchern herausgegeben von Sebastian Hensel. it 1671

Esther Gallwitz: Kleiner Kräutergarten. Kräuter und Blumen bei den Alten Meistern im Städel. Mit farbigen Abbildungen. it 1420

Sebastian Goeppert / Herma Goeppert-Frank: Pablo Picasso. Minotauromachie. Mit zahlreichen Abbildungen und einer Klapptafel. it 1533

Goethes Gedanken über Musik. Eine Sammlung aus seinen Werken, Briefen, Gesprächen und Tagebüchern. Herausgegeben von Hedwig Walwei-Wiegelmann. Mit achtundvierzig Abbildungen, erläutert von Hartmut Schmidt. it 800

Vincent van Gogh: Briefe an seinen Bruder. Drei Bände in Kassette. Herausgegeben von Johanna Gesina van Gogh-Bongers. Deutsch von Leo Klein-Diepold und Carl Einstein. Mit farbigen Abbildungen. it 954

– Feuer der Seele. Gedanken zum Leben, zur Liebe und zur Kunst. Ausgewählt aus seinen Briefen und mit einem Nachwort versehen von Ursula Michels-Wenz. it 1265

Van Gogh in seinen Briefen. Mit Abbildungen. it 177

Herman Grimm: Das Leben Michelangelos. it 1758

Gernot Gruber: Mozart. Leben und Werk in Texten und Bildern. Von Gernot Gruber. it 1695

Kunst und Musik
im insel taschenbuch

Kunst und Musik
im insel taschenbuch

Kunst und Musik
im insel taschenbuch

157/4/12.96

Biographien, Leben und Werk
im insel taschenbuch

Biographien, Leben und Werk
im insel taschenbuch

Biographien, Leben und Werk
im insel taschenbuch

62/3/12.96